山川 政治・経済 一問一答

YAMAKAWA

横山 正 編

山川出版社

まえがき

　「政治・経済」の学習の第一歩は，基本的な用語を正確に理解することである。用語がわかれば，学習が楽しくなり，一つのまとまった概念を全体として理解できるようになる。

　本書は，約1600の「政治・経済」の用語を取り上げてある。教科書や大学入試問題などを徹底的に調べ，必要最小限の用語を精選した。これらの用語を理解すれば，「政治・経済」の標準的な学習は完璧である。

　用語は，政治と経済にわけて配列してある。現代社会の諸課題に関する用語は，それぞれ該当する政治や経済のところに配置し，まとめて理解できるようにしてある。配列には特に工夫してあるので，小見出しごとに，まとめて取り組むと，全体が理解できるようになる。

　もしも，苦手意識をもっているのであれば，初めは★★の基本用語だけを，解答も一緒に，順に，読んでいくのがよい。一つの章全体を読んで，おおよその全体像を頭に入れてから，一問ずつ問題に取り組んでみる。そうすれば，苦手意識は克服できる。

　力のある人は，解答から設問を言えるように練習してみるとよい。ぐんと，力がつくはずである。

　本書を，授業や就職試験・大学入試に活用して，大きな成果を上げて欲しいものである。

　なお本書は，情勢の変化に対応して，刷をあらたにするごとに，部分的な修正を加えていく。

　　2015年1月

　　　　　　　　　　　　　　　　　　　　　　　　　　横山　正

本書の使用にあたって

1 政治と国家

★★ 1 人々の間に生じる紛争や利害の対立を調整したり，社会秩序をつくり，それを維持したりする活動のことを何というか。こうした活動のためには，強制力（権力）が必要である。　　1 政治

❶──★ 2 「人間はポリス（社会）的動物である」という言葉で有名な古代ギリシャの哲学者はだれか。　　2 アリストテレス

★ 3 秩序と安全を保障し，社会生活を円滑にするため個人や各種の社会集団の利害を調整し，それらに対して最高の支配力と機能を持つ政治的集団を何というか　　3 国家
　　　　　　　　　　　　　　　　　　　　　　❷

❶ 問題番号の左側に付されている★印は，用語の重要度を考慮して，3つのランクに分けて表示をしています。
　　★★＝基本用語（約650問）
　　★＝標準用語（約900問）
　　無印＝その他の必要用語（約70問）

❷ 解答欄の赤色の文字は，付属の赤色シートを利用すれば隠すことができますので，シートをずらしながら一問ずつ解答していきましょう。
　本書を読みすすめるだけでなく，解答を紙に書いてみることで，よりいっそうの学習効果が期待できます。

❸ 問題文は，結論を先に書き，そのあとで説明を加える書き方をしていますので，問題文を覚えると，記述・論述問題に対処できます。

❹ 巻末には「さくいん」を設け，本文中の解答を収録しているので，用語の解説集としても活用することができます。

※本書は，教科書や用語集と併用することで授業の学習効果を高めるとともに，大学入試の準備にも役立つように配慮してあります。

目 次

まえがき
本書の使用にあたって

第Ⅰ部 現代の政治

第1章 民主政治の原理 — 1
1 政治と国家●1
2 法●2
　法の分類●2
　法の支配●3
3 民主政治の成立と原理●4
　近代民主政治の誕生●4
　社会契約説●7
　民主政治の基本原理●8
　基本的人権●10
4 主要国の政治体制●12
　イギリス●12
　アメリカ合衆国●13
　旧ソ連・ロシア連邦●15
　中国●16
　中南米・東アジア地域●17

第2章 日本国憲法 — 18
1 大日本帝国憲法●18
　大日本帝国憲法(明治憲法)の特色●18
　大日本帝国憲法下の政治●20
2 日本国憲法の成立●21
3 国民主権●22
4 平和主義●24
　憲法第9条と自衛隊●24
　日米安全保障条約●26

5 基本的人権の尊重●27
　基本的人権・平等権●27
　自由権●29
　社会権●31
　参政権・請求権●32
　新しい人権●33

第3章 日本の政治制度 — 36
1 政治制度の特色●36
2 国会●36
　国会の権限●36
　衆議院・参議院●37
　国会の形態●38
　国会議員●40
3 内閣●40
　内閣の組織●40
　内閣の権限●42
4 裁判所●42
　裁判所の組織●42
　司法権の独立●44
　裁判●45
　裁判所の権限●47
5 地方自治●48
　地方自治の本旨●48
　議会と執行機関●49
　地方財政●50
　直接請求制度●51

第4章 現代日本の政治 —— 52
1. 政党政治 ● 52
   政党の特色 ● 52
   日本の政党政治 ● 53
2. 選挙 ● 54
3. 行政の民主化 ● 57
   行政権の優越 ● 57
   行政の民主化 ● 58
   官僚政治 ● 59
4. 世論と政治参加 ● 60

第5章 国家と国際関係 —— 62
1. 国際関係の基本的要因 ● 62
2. 国際法 ● 63
3. 国際連合 ● 64
   国際連盟 ● 64
   国際連合の成立と組織 ● 65
   平和維持活動 ● 67
4. 国際政治の動き ● 68
   冷戦から平和共存へ ● 68
   冷戦後の世界 ● 70
   中東の動き ● 72
   民族問題 ● 73
   発展途上国の動き ● 74
   軍縮の動き ● 75
5. 国際政治と日本 ● 77
   戦後の日本外交 ● 77
   日本の安全保障 ● 78

第Ⅱ部 現代の経済

第1章 現代の経済のしくみ —— 81
1. 経済社会の変容 ● 81
   資本主義経済とその変容 ● 81
   社会主義経済とその変容 ● 83
2. 現代の市場と企業 ● 85
   経済活動 ● 85
   価格 ● 86
   企業 ● 88
   寡占 ● 90

第2章 国民経済のしくみ —— 93
1. 国富と国民所得 ● 93
   国富と国民総生産 ● 93
   国民所得 ● 94
2. 景気循環と経済成長 ● 95
   景気循環 ● 95
   経済成長 ● 97
   物価 ● 97
3. 金融と財政の役割 ● 99
   通貨制度 ● 99
   金融 ● 100
   金融政策 ● 101
   財政制度 ● 103
   税金と国債 ● 104
   財政政策 ● 106

第3章 日本経済の現状 ——— 108
1 日本経済のあゆみ●108
 戦前の日本経済●108
 戦後の経済復興と高度成長●109
 低成長時代●112
2 中小企業●113
3 農業●114
4 エネルギー●116

第4章 国民福祉 ——— 118
1 消費者保護●118
2 公害問題と環境保護●119
 日本の公害問題●119
 地球環境問題●122
3 労使関係と労働市場●124
 世界の労働運動●124
 日本の労働運動●125
 労働基本権と労働三法●126
 雇用関係の変化●129
4 社会保障●130
 欧米の社会保障のあゆみ●130
 日本の社会保障制度●131

第5章 国際経済と国際協力 ——— 134
1 国際経済のしくみ●134
 貿易●134
 国際収支●135
 外国為替相場●136
 国際経済機構●137
 国際通貨体制とその変容●139
2 国際経済の動き●141
 南北問題●141
 資源問題●143
 地域的経済統合●144
3 国際経済の中の日本●146

索引●150
欧文略語索引●160

第1部 現代の政治

第1章 民主政治の原理

1 政治と国家

★★ 1 人々の間に生じる紛争や利害の対立を調整したり、社会秩序をつくり、それを維持したりする活動のことを何というか。こうした活動のためには、強制力（権力）が必要である。

1 政治

★ 2 「人間はポリス（社会）的動物である」という言葉で有名な古代ギリシャの哲学者はだれか。

2 アリストテレス

★ 3 秩序と安全を保障し、社会生活を円滑にするため個人や各種の社会集団の利害を調整し、それらに対して最高の支配力と機能を持つ政治的集団を何というか。

3 国家

★★ 4 国家や地方公共団体が、その秩序の維持や、構成員の利害を調整するために行使する強制力を何というか。

4 政治権力

★ 5 国家を構成する基本要素は三つある。国民と主権と、もう一つは何か。

5 領域

★ 6 国内的には国の政治のあり方を最終的に決定する権力のことであり、対外的には独立性や最高性を意味する権力の総称を何というか。

6 主権

★ 7 君主が、国の政治のあり方を決定するという政治原理を何というか。

7 君主主権

★★ 8 国民が、政治のあり方を決定するという政治原理を何というか。

8 国民主権

9 共通の文化や言語を持つ集団を基本にして成り立っている国家のことを何というか。

9 民族国家

★★ 10 近代初期には、国家は治安や国防など最小限の役割を果たすべきで、過度に国民生活に介入すべきではないとされた。こうした国家を何というか。

10 夜警国家

★ 11 夜警国家観に立つ政府のことを何というか。「安上がりな政府」「安価な政府」ともいう。

11 小さな政府

★★ 12 現代の国家は、社会保障政策などにより、積極的に国民の生活を安定させようと努力している。20世紀

12 福祉国家

に入って登場してきた，このような国家を何というか。

2 法

法の分類

★1 社会生活を営んでいく上で，守るべき決まりのことを何というか。具体的には，法や道徳，慣習，宗教などがある。　　1 **社会規範**

★★2 強制力（違反したときには刑罰などを科す力）を持っている社会規範を何というか。ほかの社会規範と異なり，これは権利・義務という形態をとる。外にあらわれた行為を規制する。　　2 **法**

★★3 良心と，守らなければならないとする義務観念とによって支えられている社会規範を何というか。人間の心のあり方を規制する。　　3 **道徳**

★4 一定の立法手続きに従って制定され，文書の形式を備えた法を何というか。　　4 **成文法**

★5 一定の手続きに従って制定された成文法以外の，すべての法を何というか。　　5 **不文法**

★6 不文法の中で，重要な法は二つある。慣習法と，もう一つは何か。　　6 **判例法**

★7 伝統的な決まりが，無自覚な状態のままで比較的よく守られていると，人々はその決まりを法にかなったものと認めるようになる。このような決まりを何というか。　　7 **慣習法**

★8 裁判所の判決として繰り返し出されたものが，法的拘束力を持つようになったものを何というか。　　8 **判例法**

★★9 国の最高法規であり，すべての法の頂点に位置するものを何というか。内容的には，人権保障と，権力行使の限界とを明らかにしているもの。　　9 **憲法**

★10 日本において，憲法，刑法，民法，商法，刑事訴訟法，民事訴訟法は最も基本的な法である。これらを総称して何というか。　　10 **六法**

★11 主に国家と国民との関係を規制する法のことを何というか。　　11 **公法**

★12	公法の代表的なものとしては,憲法や刑法がある。そのほかに,実際に政治を行なっていく上で,代表的な公法とは何か。	12 行政法
★13	主に国民相互の関係を規制する法を何というか。	13 私法
★14	私法の代表的なものとしては,民法や商法がある。そのほかに,お金の支払いなどに関する私法として,小切手法ともう一つは何か。	14 手形法
★15	公法と私法との中間的な性格を持つ法を何というか。	15 社会法
★16	社会法の代表的なものとして,生活保護法や独占禁止法がある。そのほかに,労働に関する代表的な社会法とは何か。	16 労働基準法
★★17	国会の議決で制定される法を何というか。原則として,全国民を拘束する力を持つ。	17 法律
★★18	国会の議決を経ないで,専ら行政機関(中央省庁)によって制定される法を何というか。これは,必ず法律に基づいていなければならない。	18 命令
★★19	内閣が制定する命令を何というか。	19 政令
★★20	地方公共団体の議会によって制定される法を何というか。	20 条例

法の支配

★1	いつの時代であっても,どこででも,だれでも守らなければならない法を何というか。人間の理性にかなった法。	1 自然法
★2	自然法に対して,議会の立法作用や慣習,判例などによってつくり出された法を何というか。	2 実定法
★3	中世以来のイギリスの慣習法を何というか。13世紀,権力者といえども,この慣習法に従わなければならないとする原則ができた。	3 コモン=ロー
★★4	13世紀,イギリスの裁判官であったブラクトンの言葉として有名な法の格言とは何か。	4「国王といえども,神と法の下にある」
★★5	コモン=ローを背景にして,17世紀のイギリスで発達した原則を何というか。政治は権力者の恣意によってではなく,法に基づいて行なわれなければならないという原則。	5 法の支配
★6	「国王といえども,神と法の下にある」というブラク	6 エドワード=コーク

トンの言葉を引用して、人の支配を否定し、法の支配を説いた、17世紀のイギリスの裁判官はだれか。

★7 法の支配の原則は、二つの考え方を含んでいる。一つは権力行使を法によって拘束する（権力者に勝手なことをさせない）ことと、もう一つは何か。

7 **国民の権利や自由を守ること**

★8 法の支配の原則は、アメリカで民主的制度として確立された。法の支配の原則を徹底する、民主的な制度とは何か。

8 **違憲立法審査制（違憲法令審査制）**

★9 イギリスでは、違憲立法（法令）審査制が採用されていない。その理由とは何か。

9 **不文憲法の国であるから**

★10 「法の支配」の法とは、どのような法を前提にしているか。

10 **自然法**

★★11 19世紀のドイツで発達してきた原則で、権力者は法律に基づき、法律に従って政治を行なうべきであるという考え方を何というか。

11 **法治主義**

★12 法の支配は、自然法の支配という意味合いを含んでいる。法治主義の場合は、どのような法を前提にしているか。

12 **実定法（法律）**

★13 法の支配は、法による権力者の拘束に力点が置かれる。法治主義の場合は、だれに対する拘束に力点が置かれるか。

13 **国民**

★14 大日本帝国憲法（明治憲法）の下での法による政治は、どのような考え方に基づいていたか。

14 **法治主義**

15 政治権力の正統性を、伝統的支配、カリスマ的支配、合法的支配の三つに分類し、合法的支配が最も正統性を持つと主張した、ドイツの社会学者はだれか。

15 **マックス＝ウェーバー**

★16 支配層の内部にいる個人や集団が、非合法的・武力的手段を用いて、正当な権力者から権力を奪うことを何というか。権力者の不意をついて行なわれ、法の支配の否定である。

16 **クーデタ**

3 民主政治の成立と原理

近代民主政治の誕生

★★1 1215年、イギリスのジョン王の悪政に貴族層が反抗して認めさせた文書を何というか。一方的な課税を

1 **大憲章（マグナ＝カルタ）**

しないとか，不当な逮捕をしないなど，イギリス憲法のもととなった文書。

★★ **2** ヨーロッパの封建社会が崩壊し，近代市民社会が成立する過渡期の政治形態を何というか。王権神授説や常備軍，官僚制，重商主義などによって支えられていた。

★★ **3** 王の権力は神から授かったものであり，王権を制限したり，反抗したりすることは許されないという思想を何というか。イギリスのフィルマーやフランスのボシュエらが主張した。

★ **4** 国王が，わがまま勝手にものごとを決める政治を何というか。血統などによって高い身分とされている者が，独断的に国民を支配する政治。近代社会の前の時代に，ヨーロッパなどでみられた。

★ **5** 1628年，イギリス議会は国王チャールズ1世の専制政治を制限するため，請願書を提出し，王に守るよう約束させた。これを何というか。

★ **6** 議会の承認なしに租税を徴収しないこと，国民を法律によらずに逮捕しないこと，などを内容とする権利請願を起草したのはだれか。

★★ **7** 封建的諸関係や絶対主義体制を打破し，民主政治を基本とする近代市民社会を生み出した革命を何というか。

★ **8** 1642年，国王チャールズ1世の専制政治に議会が反抗して起こした，イギリスの市民革命を何というか。1649年，クロムウェルはチャールズ1世を処刑し，共和制を樹立した。

★ **9** 国王など，支配的な権力を有する君主を認めない政治体制を何というか。専制政治に対する概念。

★★ **10** 1688年のイギリスの市民革命を何というか。クロムウェルの死後，王制が復活し，再び専制政治が行なわれたので革命が起こった。「無血革命」ともいわれる。

★★ **11** 名誉革命後の1689年，王位についたウィリアム3世が承認し，法律として発布したものを何というか。国民の権利と自由を大幅に認め，王権を制限してい

---

2 絶対君主制（絶対王政）

3 王権神授説

4 専制政治

5 権利請願

6 エドワード＝コーク

7 市民革命（ブルジョア革命）

8 ピューリタン革命（清教徒革命）

9 共和制

10 名誉革命

11 権利章典

第1章 民主政治の原理 5

る文書。

★★12 名誉革命によって確立したイギリスの政治を何というか。国王の権限は否定されていないが，議会，特に下院の占める地位が著しく向上した政治。「立憲政治」ともいう。

12 議会政治

★★13 アメリカにおける市民革命を何というか。

13 アメリカ独立革命（アメリカ独立戦争）

★14 1776年，基本的人権は人間が生まれながらにして持つ権利であり，奪うことのできない権利であるとして宣言した最初の文書を何というか。人権宣言の先がけをなすもの。アメリカで出された。

14 バージニア権利章典

★★15 1776年，アメリカ独立革命の際に出された宣言書を何というか。人間の自由・平等や，自然権を守るために政府が組織されたこと，革命権があることなどを宣言した。

15 アメリカ独立宣言

★16 アメリカ独立宣言は，だれの社会契約説を取り入れてつくられたものか。

16 ロック

★17 ジェファーソンらによって起草されたアメリカ独立宣言は，生命，自由，幸福追求の権利を，どのような権利として規定しているか。

17 天賦の権利

★★18 フランスにおける市民革命を何というか。

18 フランス革命

★★19 1789年，フランス革命の中で出された宣言書を何というか。アメリカ独立宣言と並び，基本的人権の保障を確立した歴史的宣言書である。ラファイエットらが起草した。

19 フランス人権宣言

★20 フランス人権宣言は，正式名称を「人および市民の権利宣言」という。この中で，国民主権や人権の不可侵のほかに，何の不可侵が宣言されているか。

20 所有権

★21 偏見や迷信，不合理を打破し，人間の理性に基づく新しい社会をつくり出そうとする思想を何というか。市民革命に大きな影響を与えた思想。

21 啓蒙思想

★22 18世紀フランスの啓蒙思想家には，モンテスキューやヴォルテールらがいるが，万人の平等に基づく人民主権論を主張した啓蒙思想家はだれか。

22 ルソー

社会契約説

★★ 1 国家や政府は，人々の契約によってつくられたとする説を何というか。17〜18世紀に展開され，市民革命を支える理論となった。 — 1 **社会契約説**

★ 2 社会契約説において，人間が生まれながらにして持っている，生命，自由，財産，幸福追求などの権利のことを何というか。 — 2 **自然権**

★★ 3 「万人の万人に対する闘争」の言葉で知られる，イギリスのピューリタン革命期の思想家はだれか。社会契約説を最初に説いた思想家。 — 3 **ホッブズ**

★ 4 社会契約説を説いた，ホッブズの著書を何というか。 — 4 **『リヴァイアサン』**

★★ 5 ホッブズは，あらゆることを行なう自由と自分の生命を守る権利を，自然権の内容として規定した。彼は自然権(自由と生命)を守るためには，自然権をどのようにすればよいと考えたか。 — 5 **権力者へ譲渡する**

★ 6 自然権を権力者に譲渡するというホッブズの社会契約説は，結果的にどのような政治体制を擁護することになったか。 — 6 **絶対君主制(絶対王政)**

★★ 7 政府は国民の信託によるとし，さらに抵抗権を理論づける社会契約説を説いた，17世紀のイギリスの思想家はだれか。名誉革命を理論的に擁護し，近代民主政治の基本原理を確立した人物。 — 7 **ロック**

★ 8 ロックは，自然権の内容としてホッブズと同じように自由(自由権)と生命(生存権)とを考えたが，もう一つ付加している。それは何か。 — 8 **財産(所有権)**

★★ 9 ロックは，自分たちの自然権をよりよく守るためには，自然権を守る権利をどのようにすればよいと考えたか。 — 9 **政府(代表者)へ信託する**

★★ 10 ロックは，国民の代表者によって構成される議会や政府を通じて，国民の意思を政治に反映させるべきであると主張した。こうした政治制度を何というか。 — 10 **間接民主制**

★ 11 ロックの政治学上の主著を何というか。この中で彼は，王権神授説を否定し，契約に基づく政治の目的などを論じた。 — 11 **『統治二論』(『市民政府二論』)**

★★ 12 国家は国民主権や直接民主制に基づく共和制をとる — 12 **ルソー**

べきであると主張した，18世紀のフランスの思想家はだれか。フランス革命に大きな影響を与えた人物。

★13 ルソーの社会契約説の基本概念で，公共の利益の実現を目指す意志のことを何というか。

13 一般意志

★★14 フランス革命に大きな影響を与えた，ルソーの代表的著書を何というか。この中で，彼は社会契約説を展開し，人民主権に基づく国家を説いた。

14『社会契約論』

★15 社会契約説から導き出される政治原理は二つある。一つは基本的人権の尊重，もう一つは何か。

15 国民主権

民主政治の基本原理

★★ 1 市民革命後，ロックやルソーの社会契約説に基づいて成立した政治を何というか。国民が主権者となって自分たちの政治を行ない，自由と平等を実現しようとする政治。

1 民主政治

★ 2 民主政治は，国民が政治にどのような形でかかわるかによって，大きく二つに分けられる。有権者が直接，自分たちで政治を行なう民主政治を何というか。

2 直接民主政治

★ 3 国民が直接，政治に参加することはしないで，代表者によって行なわれる民主政治を何というか。

3 間接民主政治

★★ 4 民主政治の原理を，「人民の，人民による，人民のための政治」と簡潔に表現したのはだれか。これは，彼がゲティスバーグでの演説で用いた表現。

4 リンカン

★★ 5 間接民主政治の基本原理としては，法の支配，権力分立，多数決(の)原理，普通選挙が必要である。さらに，もう一つ欠かせない基本原理は何か。

5 国民主権

★ 6 最終的な決定権は国民にあるという国民主権を貫くため，きわめて重要な事項については，国民が直接投票を行なって可否を決する。このことを何というか。

6 国民投票(レファレンダム)

★ 7 日本で国民投票が用いられるのは二つある。一つは最高裁判所裁判官に対する国民審査，もう一つは何か。

7 憲法改正

★ 8 間接民主制を補完する意味から，国民が直接に法令の制定，改廃について提案することを何というか。日本では，条例について認められている。

8 国民発案(イニシアティブ)

★ **9** 間接民主制を補完する意味から，特定の公職にあるものに対して，任期終了前に，国民がやめさせることを請求する制度を何というか。日本では，地方自治において認められている。

9 国民解職(リコール)

★★ **10** 法の支配とは，具体的には，法による立法，法による行政を意味する。さらに，もう一つは何か。

10 法による司法

★ **11** 民主政治の制度的な基本原理の一つで，権力の濫用をおさえるためのものを何というか。権力の集中によって国民の権利が侵害されやすくなるのを防ぐための原理。

11 権力分立

★★ **12** 政治権力を三つの機関に分担させ，互いを抑制と均衡の関係に置くことによって，権力の濫用を防止しようとすることを何というか。

12 三権分立

★ **13** 三権分立によって，政治権力は三つの権力に分けられる。行政権，司法権，もう一つは何か。

13 立法権

★ **14** 権力分立論の先駆者はだれか。彼は『統治二論(市民政府二論)』の中で，立法権と執行権(行政権と司法権が含まれる)に分けることを唱え，立法権の優位を主張した。

14 ロック

★★ **15** ロックの権力分立論を発展させて，三権分立の形でまとめた，18世紀のフランスの思想家はだれか。

15 モンテスキュー

★ **16** 権力分立に関する理論を展開した，モンテスキューの著書を何というか。

16 『法の精神』

★★ **17** 民主政治の基本原理の一つで，ものごとを決めるときに用いられる原理を何というか。十分な審議をつくしたあとは，多数者の意見に従わなければならないという原理。

17 多数決(の)原理

★ **18** 民主政治は多数決原理がとられる。しかし，多数意見が常に正しいとは限らない。そこで多数決原理は，何と結び付いていなければならないか。

18 言論の自由(表現の自由)

★ **19** 言論の自由とは，単に自分の考えていることを表明する自由だけではない。政治的には，どのようなことが含まれていなければならないか。

19 批判や反対する自由

★ **20** 批判や反対する自由を許さず，思想の自由を否定する独裁政治を何というか。1920年代以降に登場した政治。

20 ファシズム

★21	ドイツにおいて，組織的なプロパガンダ（思想の宣伝）で国民を動員し，議会政治を否認して一党独裁のファシズムをつくり上げた人物はだれか。	21 **ヒトラー**
22	ヒトラーのナチス政権は，ゲルマン民族の優越を唱えて，ユダヤ人を強制的に収容所に送り込み，殺害した。この大量虐殺のことを何というか。	22 **ホロコースト**
★★23	間接民主政治の基本原理の一つで，一定年齢に達した者は，だれでも代表者を選ぶことができ，だれでも代表者になることができるという原理を何というか。	23 **普通選挙**
★24	国民が選んだ代表者によって構成される議会を通じて，国民の意思を国家意思の決定と執行に反映させる間接民主制を，ほかの言葉で表現すると何というか。	24 **議会制民主主義（代議制）**
★25	国会議員は常に国民全体の代表として，国政全般の立場から行動しなければならないとする原理を何というか。	25 **代表の原理**
★26	イギリスの模範議会やフランスの三部会など，今日の議会制の前身を何議会というか。聖職者，貴族，上層の市民層の各身分代表による議会で，国王の諮問機関にすぎなかった。	26 **身分制議会**
★★27	民主政治は人々に何を保障しようとしているのか。民主政治の究極の目的を答えなさい。	27 **基本的人権の保障**
★28	権力分立がなされておらず，普通選挙も行なわれておらず，言論の自由も制限されているのに，中国の政治は民主政治と認めるべきだという主張がある。なぜ，そうした主張が出てくるのか。	28 **基本的人権の保障を目指しているから**

基本的人権

★★1	すべての人間が，生まれながらにして持っている権利を何というか。これは国家といえども侵すことのできない権利である。	1 **基本的人権**
★★2	すべての人間には，国家の干渉や制約を受けないで自由に生きる権利がある。こうした基本的人権を何というか。19世紀までの基本的人権は，この権利が中心であった。	2 **自由権（自由権的基本権）**

★ 3	自由権の内容は大きく三つに分けることができる。精神の自由，身体の自由，もう一つは何か。	3 経済活動の自由
★ 4	自由権だけでは人権をよりよく保障することが不十分であるとして，労働者を中心に19世紀中頃から要求されてきた基本的人権を何というか。	4 参政権
★ 5	1838年からイギリスで起こった，労働者による参政権（選挙権など）を求めての政治運動を何というか。大規模な請願行動を行なった。	5 チャーチスト運動
★★ 6	人間に値する生活を保障するよう，国家に対して要求できる権利のことを何というか。20世紀になって登場してきた基本的人権。	6 社会権（社会権的基本権）
★★ 7	社会権は，単に従来の自由権に新しく追加されたのではなく，自由権の一部を制限することにつながった。一つは契約の自由に対する制限，もう一つは何に対する自由に制限がなされたか。	7 所有権
★ 8	社会権の登場は，それまでの市民社会の法の大原則に修正を加えることになった。どのような大原則に修正がなされたのか。	8 過失責任の原則
★★ 9	1919年，社会権の規定を世界で最初に明記した憲法は，ドイツの何という憲法か。	9 ワイマール憲法
★★10	1948年，第3回国連総会で採択された人権に関する宣言を何というか。人権を保障することは，世界における自由，正義及び平和の基礎であるとしている。	10 世界人権宣言
★11	世界人権宣言は，1941年に出されたアメリカ大統領の教書がもとになっている。これを何というか。	11 ローズヴェルトの四つの自由
★★12	世界人権宣言は法的拘束力を持たなかったので，その精神を条約化し，各国にその実施を義務付けたものが制定された。これを何というか。1966年の国連総会で採択され，1976年に発効した。	12 国際人権規約
13	1979年，日本は国際人権規約を批准したが，いまだ2点について留保している。一つは祝祭日の報酬について，もう一つは何についてか。	13 公務員のスト権
★14	1965年に採択された，国連においてあらゆる形態の人種差別を禁止する条約を何というか。日本は，1995年になって批准した。	14 人種差別撤廃条約
★★15	1948年以来，南アフリカ共和国がとってきた人権無	15 アパルトヘイト（人

第1章　民主政治の原理　11

視の政策を何というか。1991年, デクラーク大統領はこの政策の終結宣言を行ない, 1994年には, 黒人のマンデラが大統領に選出された。　　　　　　　　　　　　　　　　　　　　　　　種隔離政策)

★16　1989年, 中国で民主化を要求する学生や労働者が天安門広場を占拠したのに対し, 人民解放軍が武力で鎮圧した。この事件を何というか。

16 **天安門事件**

★17　1989年から, 軍事政権によって断続的に自宅軟禁されていたミャンマーの民主化運動の指導者が, 2010年に開放され, 2012年の選挙で連邦議会議員に当選した。この指導者はだれか。

17 **アウン＝サン＝スー＝チー**

★18　2010年から2012年にかけて, チュニジアやエジプト, リビアなどで, 国民の権利を抑圧してきた独裁政権が, 民衆のデモ活動で倒れた。これらを称して, 何というか。

18 **アラブの春**

4　主要国の政治体制

イギリス

★★1　下院の多数党の党首が首相となり, 内閣は下院に対して責任を負い, 下院の信任を失えば総辞職するという政治制度を何というか。行政府を立法府の抑制のもとに置く制度。

1 **議院内閣制**

2　下院の不信任決議によって内閣が総辞職するという慣行は, 18世紀のだれの内閣のときから始まったか。

2 **ウォルポール内閣**

★3　下院の多数党が政権をとり, 下院と内閣をコントロールすることになると, どのような政治が発達するか。

3 **政党政治**

★4　イギリス国王は形式的には国家元首であるが, 政治上の実権は持っていない。このことを説明した言葉とは何か。

4 **「国王は君臨すれども統治せず」**

★★5　大憲章や権利章典など歴史的に形成された法や政治慣行が, イギリスの憲法の役割を果たしている。このように, 統一的な成文憲法の形をとらない憲法を何というか。

5 **不文憲法**

★6　通常の法律と同じ手続きで改正できる憲法を何というか。不文憲法はこの形である。

6 **軟性憲法**

★ 7	通常の法律より厳重な改正手続きを必要とする憲法を何というか。今日，多くの国の成文憲法は，この形をとる。	7 硬性憲法
★★ 8	イギリスにおいて，国王の任命による貴族や聖職者らで構成される議院を何というか。	8 上院(貴族院)
9	イギリスにおいて，下院の優越が確立することになった，1911年の法律を何というか。	9 議会法
★10	イギリスでは，本会議中心の議事運営がなされている。これを支えている制度を何というか。	10 三読会制
★11	イギリスの二大政党は保守党と，もう一つは何党か。	11 労働党
★12	イギリスでは，野党に次の政権をただちに担当できるよう政策を準備させている。このような，野党の組織を何というか。	12 影の内閣(シャドー＝キャビネット)

アメリカ合衆国

★★ 1	厳格な三権分立をとるアメリカの政治制度を何というか。行政権を担当する最高責任者は，国民によって選出される。	1 大統領制
★ 2	各州の独立性を保つ意味から，合衆国憲法に拘束される以外は，独自の政治体系を持つ州が連合した形の国家体制を何というか。州独自の憲法，議会，裁判所などを持つ。	2 連邦制
★ 3	アメリカは厳格な三権分立の制度を採用している。これは，だれの理論を適用したものか。	3 モンテスキュー
★ 4	大統領は国家元首の地位にあり，また行政府の最高責任者として強大な権限を持っている。さらに，大統領は軍に対して，どのような権限を持っているか。	4 軍の最高司令官
★★ 5	大統領の任期は何年か。なお，連続して2回まで大統領選挙に出られる。	5 4年
★ 6	大統領選挙は国民の間接選挙である。国民が選ぶ，大統領選挙の直接投票人を何というか。州で最多数を得た政党が，その州の大統領の直接投票人を独占する。	6 大統領選挙人
★ 7	議会選挙は2年ごとに行なわれるが，大統領選挙と大統領選挙の間に行なわれる議会選挙を何というか。	7 中間選挙
★★ 8	議会に対して，大統領が連邦の状況報告や自己の政	8 教書

	策を訴え，必要な施策や法案を審議することを要請する文書を何というか。	
★ 9	大統領が定期的に行なう教書は三つある。予算教書，経済教書，もう一つは何か。	9 **一般教書（年頭教書）**
10	大統領の職務を補佐するため，各省の長官などで構成される組織を何というか。これは大統領の諮問機関であり，大統領に対してのみ責任を負う。	10 **内閣**
★ 11	大統領府の中で，大統領の側近にあって，政策立案や決定の手助けを行なうスタッフを何というか。	11 **大統領補佐官**
★ 12	各州二人ずつ選出され，定員100人の議員で構成される任期6年の議院を何というか。2年ごとに，3分の1ずつ改選される。	12 **上院**
★★ 13	上院は大統領に対して，助言と同意を与える権限を持っている。一つは大統領が指名する長官などの同意権，もう一つは何か。	13 **条約締結の同意権**
★★ 14	各州から人口比，小選挙区制で選出される，任期2年の議院を何というか。予算先議権において，上院に優越する。	14 **下院**
★ 15	アメリカ議会における議事の運営方式を何というか。議員の専門知識や経験をもとに，小さい集団で審議をつくす制度。	15 **委員会制**
★ 16	アメリカの二大政党は民主党と，もう一つは何党か。	16 **共和党**
★ 17	完全な三権分立をとるアメリカにおいては，行政府の大統領や長官は議席を持っていない。そのほか，行政府と議会との関係はどのようになっているか。	17 **議会に対し責任を負わない**
★★ 18	議会で制定された法律に対し，大統領は署名を拒否し，成立を阻止する権限を持っている。これを何というか。	18 **拒否権**
★ 19	大統領の拒否権が発動されても，議会で法案を再議決すれば成立する。再議決に必要な手続きとは何か。	19 **上下両院でそれぞれ3分の2以上の賛成**
★ 20	大統領の拒否権と議会の再議決は，アメリカにおける権力分立に，どのように作用しているか。	20 **均衡と抑制をもたらす**
★ 21	厳格な三権分立をとるため，大統領は議会に対して直接関与できない。大統領には法案提出権がなく，そのほかに，どのような権限がないか。	21 **解散権**
★ 22	厳格な三権分立をとるため，議会は大統領に対して	22 **不信任権**

	直接関与できない。どのような権限がないか。	
★23	議会は大統領に対して不信任権を持っていないが、大統領が反逆罪や収賄罪を犯した場合には、罷免する権限を持っている。これを何というか。	23 大統領の弾劾
★★24	アメリカの裁判所は、法律や行政機関の法の執行について、合憲か否かを審査する権限を持っている。これを何というか。法の支配を徹底するための権限。	24 違憲立法審査権（違憲法令審査権）
★25	連邦最高裁判所の裁判官を任命するのは大統領であるが、この任命にあたっては何が必要か。	25 上院の同意

旧ソ連・ロシア連邦

★★1	プロレタリアート（労働者階級）独裁の考え方に基づいて、社会主義国家をつくり出した革命を何というか。	1 ロシア革命
★★2	社会主義の政治体制の特徴の一つは、共産党による一党独裁である。もう一つの特徴は、政治権力を分立しないことであるが、このことを指して何というか。	2 権力集中制
★3	特定の、一つの政党による独裁体制を何というか。	3 一党独裁
★★4	社会主義という旧ソ連の政治体制に、理論的基礎を与えた歴史上の代表的な人物の一人はマルクスである。もう一人はだれか。	4 レーニン
★5	1988年まで、旧ソ連の政治体制の基礎となっていた機関を何というか。本来は、「会議」「評議会」という意味であるが、実際上は立法機関であると同時に行政機関でもあった。	5 ソヴィエト
★6	1985年から旧ソ連共産党書記長に就任し、1988年と1990年の憲法改正によって大幅な政治改革を行なった人物はだれか。	6 ゴルバチョフ
★7	ゴルバチョフによる、政治、経済、社会体制の建て直しをすすめた改革のことを何というか。	7 ペレストロイカ
8	ゴルバチョフがすすめた、ペレストロイカと表裏一体の情報公開制を何というか。	8 グラスノスチ
★★9	1990年の憲法改正まで、旧ソ連の政治体制の中核であり、社会を指導し方向付けていた政党を何というか。1991年、保守派によるクーデタ失敗後、解散さ	9 共産党

	せられた。	
★10	共産党が解散させられたあとで,新しく導入された政党制を何というか。	10 複数政党制
★11	1991年12月,ソヴィエト社会主義共和国連邦は解体し,69年間の歴史を閉じた。その後,独立した各共和国で新たに創設した体制を何というか。	11 独立国家共同体（CIS）
★★12	独立国家共同体の創設によって,これまで旧ソ連が持っていた主な権利は,どこの共和国が引き継ぐことになったか。	12 ロシア連邦（ロシア共和国）
★13	ロシア連邦の政治体制は,権力分立制を採用している。行政権を担当する最高責任者の役職を何というか。	13 大統領

中国

★★1	中国では権力分立制をとらず,共産党の指導を軸とした政治が行なわれている。こうした政治体制を何というか。	1 権力集中制（民主集中制）
★★2	中国の政治は一党独裁制である。国家の政治や政治機関に理論的指導を与え,国家の重要ポストのすべてを占める,この政党を何というか。	2 中国共産党
★★3	中国共産党の最高指導ポストを何というか。最高指導ポストにつく指導者が中国の最高権力者となる。	3 総書記
★★4	中国の国会に相当する機関を何というか。中国の国家権力の最高機関とされているが,年に2週間ほど開催されるにすぎない。	4 全国人民代表大会（全人代）
★5	全国人民代表大会（全人代）の常設機関である常務委員会は,司法に関する権限も持っている。具体的にはどのようなことを行なう権限か。	5 憲法と法律の解釈
★6	全国人民代表大会（全人代）の執行機関であり,中国の最高行政機関（政府）を何というか。ここの長を総理（日本では「首相」と訳す）という。	6 国務院
★7	中国の最高司法機関を何というか。最高司法機関ながら,常務委員会の監督下に置かれる。もちろん,中国共産党の指導下に置かれる。	7 最高人民法院
★8	中国において,軍の統帥権を持っているのは何という機関か。	8 中央軍事委員会

★9 1997年、イギリスから中国に返還された地域を何というか。アヘン戦争によって割譲されたが、155年ぶりに返還された。

9 香港

★10 中国政府は、中国大陸では社会主義の体制をとるが、香港では返還後50年間、資本主義の体制を認めるとしている。こうしたやり方を何というか。

10 一国二制度

11 1999年、ポルトガルから中国に返還された地域を何というか。返還後は、香港と同じように特別行政区となり、一国二制度をとっている。

11 マカオ

中南米・東アジア地域

★1 第二次世界大戦後、中南米や東アジア地域の国々で多くみられた政治支配は、軍隊の力を背景としたものであった。こうした政権を何というか。

1 軍事政権

★2 多くの軍事政権は、行政権、立法権、司法権を一手に掌握していた。こうした政権を何というか。

2 独裁政権

★3 独裁政権の多くは、経済開発に力を注ぎ、経済成長を成し遂げた例が多い。欧米的な民主主義を制限して、経済開発にあたる政治を何というか。

3 開発独裁

★4 1980年代になって、多くの独裁政権は民主化の高まりによって打倒されていった。民主化の高まりは、何によってもたらされたか。

4 経済成長

第I部 現代の政治

第2章 日本国憲法

1 大日本帝国憲法

大日本帝国憲法(明治憲法)の特色

★ 1　1868(明治元)年，封建的な幕藩体制を打破し，日本が近代国家に転換する契機となった政治的・社会的変革を何というか。

1　明治維新

　 2　1874(明治7)年，板垣退助らが中心となって，政府に対し，国会開設を求める建白書を出した。これを何というか。この建白書がきっかけとなって，自由民権論が活発になった。

2　民撰議院設立建白書

★ 3　明治10年代，藩閥専制的な明治政府のあり方に反発が強まり，憲法制定や国会開設を求める国民的な運動が高まった。これを何というか。

3　自由民権運動

★★ 4　1889(明治22)年に制定された，日本最初の近代的憲法を何というか。近代的とはいいながら，天皇中心の政治を規定した憲法であった。

4　大日本帝国憲法(明治憲法)

★ 5　大日本帝国憲法(明治憲法)を制定する際，模範とした憲法はドイツの何という憲法か。

5　プロイセン憲法(プロシア憲法)

★ 6　明治憲法を制定する際，渡欧してドイツ法学を学び，帰国後，憲法制定の中心となった人物はだれか。

6　伊藤博文

★★ 7　明治憲法は，天皇が制定した憲法である。このような，君主が制定した憲法のことを何というか。

7　欽定憲法

★ 8　欽定憲法に対し，国民が制定した憲法のことを何というか。

8　民定憲法

★ 9　憲法に基づいて，君主が政治を行なう政治制度を何というか。明治憲法は，外見的にはこの制度を備えていたが，実質は絶対主義的な面が強い。

9　立憲君主制

★★ 10　明治憲法のもとでは，国の政治のあり方を最終的に決定するのは天皇であるとされた。このことを何というか。

10　天皇主権

★ 11　明治憲法のもとでは，天皇は絶対者であった。こうした天皇の絶対的地位について，憲法では何と規定

11　神聖不可侵

していたか。

★12 明治憲法では，三権分立が採用されてはいたが，究極的には三権はすべて天皇に属するものであった。こうした政治的支配権を持つ天皇は，何と規定されていたか。

12 **統治権の総攬者**

★13 軍の指揮命令権は，天皇の大権事項であり，議会や内閣はこれに関与できなかった。このことを何というか。

13 **統帥権の独立**

14 帝国議会が閉会中，緊急な事態が発生したときに出される天皇の命令を何というか。実質的には法律と同じ効力を持っている。

14 **緊急勅令**

★15 明治憲法のもとでは，国民は天皇の臣下（天皇に従属する者）と規定されていた。このような国民のことを何というか。

15 **臣民**

★16 明治憲法が保障する基本的人権は，自然権として人が生まれながらにして持っている権利ではなく，天皇が与えてくれた権利とされた。明治憲法は，このような権利を何と規定していたか。

16 **臣民の権利**

★★17 明治憲法が保障する基本的人権は，臣民の権利であり，法律で制限できるとされていた。このことを何というか。

17 **法律の留保**

★18 明治憲法が保障する自由権の中で，法律の留保の条文規定がなかった唯一の権利とは何か。

18 **信教の自由**

★19 明治憲法が保障する基本的人権は，三種類に分けられる。自由権，参政権，もう一つは何か。

19 **請求権**

★20 帝国議会は二院制をとっていた。皇族・華族及び天皇の任命議員で構成される議院を何というか。

20 **貴族院**

★21 貴族院のほかに，制限選挙で選ばれた議員による議院があった。これを何というか。当初は，一定額以上の納税者による制限選挙であった。

21 **衆議院**

★★22 明治憲法のもとでは，帝国議会は天皇の立法権を援助する機関と規定されていた。このような議会のことを何機関というか。

22 **協賛機関**

★★23 明治憲法のもとでは，国務大臣は天皇の統治権を助けて行政権を行使すると規定されていた。このような国務大臣の役割のことを何というか。

23 **輔弼**

第2章 日本国憲法

24 明治憲法のもとでは、内閣総理大臣の地位は他の大臣と同格であり、ただ第一位の席にあるだけであった。これを称して何というか。 | 24 同輩中の首席

★25 明治憲法には内閣に関する条文規定がない。しかし、内閣はだれに対して責任を負っていたか。 | 25 天皇

★26 明治憲法のもとでは、天皇によって任命された内閣総理大臣が、議会や政党とは無関係に内閣を組織していた。このような内閣のことを何というか。 | 26 超然内閣

★27 国家の重要問題に関して、天皇の諮問にこたえることを任務とした機関を何というか。内閣や議会に対して大きな力を及ぼし、内閣を総辞職させた例もある。 | 27 枢密院

★28 明治憲法のもとでの司法権は裁判所が持っていたが、裁判はだれの名において行なわれていたか。 | 28 天皇の名において

★29 明治憲法のもとでは、特別裁判所が認められていた。軍法会議、皇室裁判所、もう一つは何か。 | 29 行政裁判所

★30 明治憲法の改正は、だれに発議権があったか。 | 30 天皇

大日本帝国憲法下の政治

★1 軍事力によって対外的に発展すること、これが国家の最も重要な目的であるとして、政治や経済、教育などを軍事力に従属させようとする主義を何というか。 | 1 軍国主義

★2 明治憲法のもとでの政治は、二つの思想が基調となっていた。一つは軍国主義、もう一つの思想は何か。 | 2 国家主義

★3 国家に最高の価値を認め、国家の秩序や命令などの価値を、国民の権利や個人の利益に優先させる主義のことを何というか。 | 3 国家主義

★★4 大正時代の一時期には、明治憲法の立憲主義的な側面が重視されて、比較的自由主義的な憲法運用がなされた。これを何というか。 | 4 大正デモクラシー

5 1918(大正7)年、日本で最初の実質的な政党内閣が誕生した。だれの内閣か。 | 5 原敬内閣

★6 衆議院において多数を占める政党、または連立して過半数を占める政党がつくった内閣を何というか。 | 6 政党内閣

★7 1924(大正13)年から1932(昭和7)年に犬養毅首相が | 7 憲政の常道

暗殺されるまでは，政党内閣と政権交代とが行なわれた。政党内閣と政権交代とが行なわれる慣例を称して，何といったか。

★8 大正デモクラシーを背景に，1925(大正14)年に制定された法律を何というか。これによって，満25歳以上の男子は衆議院議員の選挙権を持つことになった。

8 普通選挙法

★★9 1925(大正14)年，社会主義運動を禁止する法律が制定された。これを何というか。のちに，この法律によって国民の自由な言論や出版などが制限された。

9 治安維持法

★10 1930年代に入ると，「統帥権の独立」をたてに軍部による政治介入が強まり，政党政治が維持できなくなった。その結果，日本の政治はどのようなものにかわったか。

10 軍部独裁の政治

★11 1931(昭和6)年，日本が中国東北部への侵略を開始した事件を何というか。国際連盟は日本の行動を認めず，これに反発した日本は，国際連盟を脱退した。

11 満州事変

★12 1937(昭和12)年，盧溝橋事件をきっかけにして，日本は中国に対する侵略戦争を起こし，1945(昭和20)年まで続けた。これを何戦争というか。

12 日中戦争

★13 1938(昭和13)年，日中戦争の激化に伴い，労働者やすべての物を政府が統制できるようにした法律を何というか。国民の産業への徴用が行なわれた。

13 国家総動員法

★14 1941(昭和16)年，日本によるハワイの真珠湾攻撃で始まった，対アメリカ，イギリス，オランダなどの連合国との戦争を何というか。日本は原子爆弾を投下され，ポツダム宣言を受諾して無条件降伏した。

14 太平洋戦争

2 日本国憲法の成立

★★1 1945(昭和20)年7月，日本に対して出された無条件降伏を勧告する文書を何というか。この文書は，戦後日本の非軍事化や民主化を求めるものであった。

1 ポツダム宣言

★★2 ポツダム宣言に基づき，日本の占領政策を実施した連合国の最高司令部を何というか。

2 GHQ(連合国軍最高司令官総司令部，SCAP)

★★3 GHQ(連合国軍最高司令官総司令部)の最高司令官はだれであったか。

3 マッカーサー

★ 4	幣原喜重郎内閣のもとで、憲法問題調査委員会が作成した明治憲法改正案を何というか。GHQは天皇の統治権を認めるなど明治憲法の原則がかわっていないとして、この案を拒否した。	4 松本案(松本草案)
★ 5	天皇中心の政治体制を維持していこうとする考え方を何というか。松本(草)案はこの考え方に立脚していたため、GHQは拒否した。	5 国体護持
★ 6	日本政府の憲法改正案を知ったマッカーサーは、GHQの民政局に憲法草案を作成するよう指示し、草案には三つの原則を入れるよう指示した。天皇制の存続(立憲君主制)、封建的諸制度の廃止、もう一つの原則は何か。	6 戦争の放棄
★ 7	マッカーサーが指示した「戦争の放棄」とは、どのような内容であったか。	7 自衛のための戦争をも放棄
8	マッカーサー草案は、当時発表されていた民間の憲法改正案とよく似ている。よく似ている民間の改正案とは、どこがつくったものか。	8 憲法研究会
★ 9	1946(昭和21)年4月、新しい衆議院議員選挙が実施された。どのような選挙が実施されたのか。	9 男女普通選挙
★10	憲法改正案は、男女普通選挙で選ばれた新しい衆議院議員で構成された議会で審議されたが、このときの議会は、第何回の何という議会か。	10 第90帝国議会
★★11	形の上では、明治憲法の改正ということで制定された新憲法(日本国憲法)は、三つの基本原理を持つ。国民主権、平和主義、もう一つは何か。	11 基本的人権の尊重
★★12	憲法は国家権力を制限し、国民の権利や自由を守ることを目的とする。このような原理のことを何主義というか。	12 立憲主義
★13	憲法は国の最高法規と位置付けられており、天皇や大臣、国会議員、裁判官など、公の地位にある人々は、特に強く憲法を大事にする義務を負っている。この義務のことを何というか。	13 憲法尊重擁護の義務

3 国民主権

★★ 1	国の政治のあり方を、最終的には国民が決定するという政治原理を何というか。	1 国民主権

★★ 2	主権者として，国民は代表者を選出する権限と国民審査の権限を持っている。そのほか，憲法で認められている国民の権限は何か。	2 憲法改正の承認
★ 3	国民は，代表者を直接選出する権限が憲法で認められている。一つは国会議員を選び出す権限，もう一つは何か。	3 地方公共団体の長及び議員
★ 4	国民審査とは，だれに対してなされることか。	4 最高裁判所のすべての裁判官
★★ 5	憲法改正の承認には，どのような手続きが必要か。	5 国民投票と過半数の賛成
★★ 6	国民投票の手順を定めた法律を何というか。2014（平成26）年に改正され，投票年齢は4年後に，満18歳以上に引き下げられることになった。有効投票総数（賛成票と反対票の合計）の過半数の賛成で成立する。最低投票率制度はない。	6 国民投票法
★★ 7	国民主権のもとで，天皇は国政に関することはまったくできない地位に置かれている。この地位のことを何というか。	7 象徴
★★ 8	天皇の行ない得る行為は，憲法の定める形式的・儀礼的行為のみとされている。この形式的・儀礼的行為のことを何というか。	8 国事行為
★★ 9	天皇が行なうすべての国事行為については，何が必要か。	9 内閣の助言と承認
★10	国事行為には，憲法改正や法律の公布，国会の召集などが規定されている。天皇が行ない得る国事行為の事項には，どのような限定がなされているか。	10 この憲法の定めるものに限定
★11	天皇の国事行為の一つに，任命行為がある。内閣総理大臣と，もう一人はだれを任命するのか。	11 最高裁判所長官
★★12	天皇が行なう内閣総理大臣の任命は，どこの指名に基づいてなされるか。	12 国会の指名
★★13	天皇が行なう最高裁判所長官の任命は，どこの指名に基づいてなされるか。	13 内閣の指名

4 平和主義

憲法第9条と自衛隊

★ 1 平和主義の原則は，憲法第9条ともう1カ所で規定されている。それはどこか。

1 憲法前文

★★ 2 憲法前文は，「全世界の国民が，ひとしく恐怖と欠乏から免かれ」，どのような権利を有していると規定しているか。

2 平和のうちに生存する権利

★★ 3 憲法第9条は三つのことを規定している。戦争放棄，戦力不保持，もう一つは何か。

3 交戦権の否認

★ 4 これまでの政府は，国家は自衛権を有しており，自衛隊は自衛力であって戦力ではないとしている。政府がいう自衛力とはどのような実力のことか。

4 自衛のための必要最小限度の実力

★ 5 自衛隊を合憲とする立場の人々は，自衛のための必要最小限度の実力（自衛力）を超えた力を何と呼んでいるか。

5 戦力

★★ 6 国家が戦争を行なう権利を何というか。

6 交戦権

★ 7 日本の平和主義のあり方を大きく変更させる契機となった，1950（昭和25）年に始まるアジアにおける戦争とは何か。

7 朝鮮戦争

★ 8 朝鮮戦争の勃発に伴って，GHQの指令で創設された組織を何というか。その後，これは保安隊に改組された。

8 警察予備隊

★★ 9 1954（昭和29）年，保安隊を改組してつくられた組織を何というか。日本を防衛することを主たる任務とするが，2007（平成19）年からは海外派兵も主たる任務となった。

9 自衛隊

★★ 10 自衛隊の独走を防ぐため，自衛隊の行動や権限については，内閣及び国会が指揮・監督するという制度を何というか。

10 文民統制（シビリアン＝コントロール）

★ 11 自衛隊の最高指揮監督権はだれが持っているか。

11 内閣総理大臣

★ 12 日本の外交や安全保障の意思決定を，迅速，適切に行なうために，政策や国家戦略の司令塔となる組織のことを何というか。中核は内閣総理大臣，外務大臣，防衛大臣，官房長官からなる会合。「日本版

12 国家安全保障会議

NSC」ともいう。

★13 日本の安全保障に関する情報のうち，特に秘密にすることが必要であるものを「特定秘密」として指定し，この秘密を漏らした場合の罰則を定めた法律を何というか。2014(平成26)年末に施行された。

13 **特定秘密保護法**

★14 他国へ攻撃をしかけることなく，他国から攻撃を受けたときにのみ，自国を守るための行動を起こすことを何というか。

14 **専守防衛**

★15 日本の防衛政策の基本となる概念を何というか。1976(昭和51)年に策定された基盤的防衛力構想にかわるもので，2010(平成22)年に策定された。テロ攻撃や，中国の海洋進出などにも対処する

15 **動的防衛力**

★16 自衛隊が防衛出動を行なうような緊急事態が起きた際，自衛隊や政府諸機関が円滑に行動できるよう，あらかじめ法律を準備しようとすることを何というか。

16 **有事立法**

★17 日本の防衛費が無制限に増加するのを防ぐために設定されていた歯止めを何というか。1976(昭和51)年，三木武夫内閣で決定されたが，1987(昭和62)年にこの歯止めが外された。

17 **対GNP1％枠**

★18 核兵器を「持たず，つくらず，持ち込ませず」という大原則を何というか。1968(昭和43)年，佐藤栄作首相が明らかにした原則で，その後，政府はこれを堅持すると言明している。

18 **非核三原則**

★19 日本政府は，佐藤栄作内閣以来，武器の輸出を原則禁止してきた。このことを称して何というか。

19 **武器輸出の禁止**

★20 2014(平成26)年，安倍晋三内閣は武器輸出三原則にかわる新しいルールを閣議決定した。この新しいルールを何というか。これまでの輸出原則禁止から，条件を満たせば武器の輸出が認められるようになった。

20 **防衛装備移転三原則**

★21 自衛隊が合憲か否かが争われた訴訟で，1973(昭和48)年，札幌地方裁判所は，自衛隊を憲法違反とする判決(福島判決)を出した。この訴訟を何というか。

21 **長沼ナイキ訴訟**

★22 茨城県にある航空自衛隊の基地建設問題で，自衛隊が憲法違反かどうかをめぐって争われた訴訟を何と

22 **百里基地訴訟**

いうか。1977(昭和52)年,水戸地裁は,憲法第9条は自衛のための戦争までも放棄はしていないと判断した。

日米安全保障条約

★★ 1 アメリカ軍が日本及び極東の安全に寄与するために,日本において基地(施設・区域)を使用することを認めている条約を何というか。現条約は1960(昭和35)年に,旧条約を発展させて結ばれた。

1 **日米安全保障条約(安保条約)**

★ 2 日本国憲法の規定に従うことを条件に,安保条約で日本側に義務付けられていることが二つある。一つは自衛力増強の義務,もう一つは何か。

2 **共同防衛の義務**

★★ 3 安保条約によって日本とアメリカは軍事的に密接な関係にあるが,アメリカが攻撃されても日本は憲法第9条により,共同して防衛にあたることはできないという,1972(昭和47)年以来とってきた政府見解を何というか。

3 **集団的自衛権の禁止**

★★ 4 2014(平成26)年,安倍晋三内閣は憲法第9条の解釈を変更して,集団的自衛権の行使を容認した。この決定はどこでなされた決定であるか。

4 **閣議**

★★ 5 憲法の条文を改正することなしに,条文の解釈を変更することを一般に何というか。2014(平成26)年,安倍晋三内閣は憲法第9条の解釈を変更している。

5 **解釈改憲**

★★ 6 外から(他国)の武力攻撃に対して,自国を防衛するのに必要な措置をとる権利のことを何というか。

6 **個別的自衛権**

★ 7 在日アメリカ軍の装備の重要な変更や,在日アメリカ軍が日本国内の基地を使用して戦闘作戦行動に出る場合には,日米両政府間で話し合うことになっている。この制度を何というか。

7 **事前協議制度**

★ 8 安保条約に関連して,日本に駐留するアメリカ軍の施設やアメリカ軍との裁判管轄関係などを規定している協定を何というか。アメリカ兵による婦女暴行事件などが起こっても,この協定によって日本の警察権が行使しにくくなっている。

8 **日米地位協定**

★★ 9 沖縄県にあるアメリカ海兵隊の基地を何というか。アメリカ兵による婦女暴行事件やアメリカ軍ヘリコ

9 **普天間基地**

プター墜落事件，騒音などから，辺野古への移転が計画されている。

★10 日本国内に駐留するアメリカ軍のために，駐留に必要とする費用の一部を日本が負担し予算化している。この予算のことを，通称，何予算というか。 — 10 思いやり予算

★11 旧安保条約が合憲か否かが争われた事件で，1959(昭和34)年，東京地方裁判所が，在日アメリカ軍は憲法違反であるという判決(伊達判決)を下した。この事件を何というか。 — 11 砂川事件

★12 砂川事件で，東京地裁が在日アメリカ軍を憲法違反であるとした理由は何か。 — 12 憲法第9条の禁じる戦力の保持にあたるから

★13 安保条約や自衛隊など，高度に政治性を持つ問題については，裁判所の審査になじまず，国会や内閣の判断にゆだねられるべきとする考えを何というか。 — 13 統治行為論

14 統治行為論を展開して，最高裁判所が憲法判断を回避した最初の裁判は何か。 — 14 砂川事件の上告審

5 基本的人権の尊重

基本的人権・平等権

★1 日本国憲法は基本的人権として，自由権，平等権，参政権，請求権のほかに，人間らしく生きる権利も保障している。この人間らしく生きる権利のことを何というか。 — 1 社会権

★2 憲法第11条及び第97条は，この憲法が保障する基本的人権は「侵すことのできない永久の権利」と規定している。侵すことのできないとは，どういう意味か。 — 2 原則として法律で制限できない

★3 基本的人権を守っていくために，国民は人権を保持する努力を続け，濫用してはならないことが規定されている。さらに，憲法が求めている国民の責任とは何か。 — 3 公共の福祉のために利用する責任

★4 憲法第12条及び第13条では，基本的人権を保障していく上での制限が規定されている。それは何という言葉で表現されているか。 — 4 公共の福祉

★5 公共の福祉という概念で基本的人権を制限するのは， — 5 人権調整のため

第2章 日本国憲法 27

何のためか。公共の福祉とは，単に全体の利益を意味するものではない。

★★ **6** 何人も法の制定・適用にあたって，人種・信条・性別・社会的身分などを理由に差別されない，という原則を何というか。

6 法の下の平等（平等権）

★ **7** 現実の日本には，いまなお，残念ながらいわれのない差別が存在している。例えば，出生地による差別があるが，これを何差別というか。

7 部落差別

★★ **8** 被差別部落出身者に対する差別問題を何というか。これは人権問題であり，その解消は国民的課題である。

8 同和問題

★ **9** 「アイヌの人々の民族としての誇りが尊重される社会の実現をはかること」という条文を持つ法律を何というか。アイヌ民族に対する差別が長年続いたことを物語っている。1997（平成9）年に制定。

9 アイヌ文化振興法

★ **10** 日本に住む外国人に対する民族差別問題で，かつての日本の植民地支配に関係する民族への差別問題を何というか。

10 在日韓国・朝鮮人問題

★ **11** 障害者差別を解消する一つの手段として，労働機会を保障しようとする目的で制定された法律を何というか。1960（昭和35）年に制定されたが，雇用率目標は達成されていない。

11 身体障害者雇用促進法

★ **12** 雇用における女性差別を解消するため，1985（昭和60）年に制定された法律を何というか。

12 男女雇用機会均等法

★ **13** 政治・社会・労働・教育などにおける，あらゆる形態の女性差別を解消する目的で制定された条約を何というか。1979年の国連総会で採択された。

13 女性差別撤廃条約

★ **14** 男女が社会の対等な構成員として，相手を尊重しながら21世紀の社会を切り開いていく，という基本方針を定めた法律を何というか。1999（平成11）年に制定された。

14 男女共同参画社会基本法

★ **15** 2013（平成25）年，結婚していない男女の間に生まれた子ども（婚外子）の遺産相続の取り分は，結婚した夫婦間の子どもの取り分の半分とした規定は違憲との判断を受け，民法が改正されて取り分が同等となった。その理由は何か。

15 法の下の平等に反する

自由権

★1 近代憲法が確立してきた自由権は、大きく三つに分けることができる。精神の自由、身体の自由、もう一つは何か。 — 1 経済活動の自由

★★2 精神の自由には、心の中にどのような思想や主義・主張を持っていても、国家権力から干渉されないという自由がある。これを何というか。 — 2 思想及び良心の自由

★★3 どのような宗教を信じてもいいし、何も信じなくてもよいという自由を何というか。明治憲法でも、この自由は法律の留保なしに認められていた。 — 3 信教の自由

★★4 政治(国家)と宗教との結び付きを禁止する原則を何というか。信教の自由を守る原則。現職閣僚の靖国神社参拝などが、問題になっている。 — 4 政教分離の原則

★5 神式にのっとった市立体育館の起工式は、政教分離の原則に違反するとして争われた訴訟を何というか。1977(昭和52)年、最高裁判所は、憲法第20条の禁止する宗教的活動には当たらないとして、合憲とした。 — 5 津地鎮祭訴訟

★6 北海道砂川市が、神社に市の土地を無償で提供しており、政教分離の原則に反するとして争われた訴訟を何というか。2010(平成22)年、最高裁は違憲とした。 — 6 空知太神社訴訟

★7 明治憲法のもとで、天皇は国家の一機関であるという、美濃部達吉教授の憲法理論に対する弾圧事件を何というか。学問の自由に対する弾圧事件。 — 7 天皇機関説事件

8 明治憲法のもとで、刑法に関する純粋な学問研究に対してなされた弾圧事件を何というか。「京大事件」ともいう。 — 8 滝川事件

★9 1952(昭和27)年、学問の自由及び大学の自治と警察権との関連で争われた事件を何というか。警察官が情報収集のため大学構内に立ち入ったことが問題となった。 — 9 東大ポポロ座事件

★★10 思想を表現し、伝達する自由を何というか。思想や信教、学問の自由などと表裏一体をなす自由。集会やデモ行進も集団的な表現行為である。 — 10 表現の自由

★11 憲法第21条は、いっさいの表現の自由を保障すると — 11 集会・結社・言論・

規定している。条文上では、どのような内容を具体的に規定しているか。 — 出版などの自由

★12 憲法第21条は、表現の自由を保障するため、出版物や映画などの内容を前もって強制的に審査し、不適当な場合には発表を差し止める行為を禁じている。これを何というか。 — 12 検閲の禁止

★13 1964(昭和39)年、プライバシー保護のためには表現の自由は制限される、という初めての判決が出た事件を何というか。この事件で、プライバシーの権利が基本的に承認された。 — 13 『宴のあと』事件

★14 国が社会の秩序維持を名目にして、思想、言論、集会、結社などの基本的な自由権を制限する、一連の立法措置のことを何というか。 — 14 治安立法

★★15 明治憲法のもとで、政治的思想や結社の自由を制限していた法律を何というか。1925(大正14)年、普通選挙法と同時に制定され、その後、死刑や予防拘禁制まで追加された。 — 15 治安維持法

★16 治安維持のために地方公共団体が制定する条例で、集会やデモ行進などを特別に規制する条例を何というか。集会・結社・表現の自由との関係で問題になることがある。 — 16 公安条例

★★17 すべての自由権の基礎となる自由で、不当な身体的拘束を受けない自由を何というか。 — 17 身体の自由(人身の自由)

★★18 法律の定める手続きによらなければ、生命や自由を奪ったり、刑罰を科したりすることはできない、という原則を何というか。身体の自由を守るための大原則。 — 18 法定手続きの保障

19 起訴はされていないが、罪を犯したのではないかとの疑いを受けて、捜査の対象となっている人を何というか。 — 19 被疑者

★20 刑事事件で、罪を犯したとして起訴され、裁判中の人を何というか。 — 20 被告人

★★21 逮捕など身体の自由を奪う場合には、必ず裁判官の発する令状がなければならない、という原則を何というか。捜索や押収などの場合も同じ。 — 21 令状主義

★22 身体の自由を保障し、国家権力の濫用を防ぐため、 — 22 拷問の禁止

憲法は刑事事件の被疑者などの取り調べについて、自白(じはく)を強要してはならないと規定している。そのほか、どのように規定しているか。

★23 取り調べの全過程を録画することを何というか。現在、被疑者の取り調べは密室で行なわれており、供述の強要などが行なわれる可能性がある。違法、不当な取り調べを防ぐための措置として、検討されている。

23 **取り調べの可視化**

★24 刑事被告人は、いかなる場合にも弁護人を依頼する権利がある。この権利を何というか。

24 **弁護人依頼権**

★25 刑事被告人が、自分で弁護人を依頼することができないときはどうなるか。

25 **国が弁護人を依頼する**

★★26 警察の取り調べや裁判において、自己に不利益な供述を強要されない権利のことを何というか。人身の自由を保障するための権利。

26 **黙秘権(もくひけん)**

★27 法定手続きの保障が軽視されたり、別件逮捕や自白の強要がなされたりすると、無実の罪を生むことになる。無実の罪のことを何というか。

27 **冤罪(えんざい)**

★28 刑事被告人の身体の自由を保障するため、憲法第37条は公平な裁判所の、どのような裁判を保障すると規定しているか。

28 **迅速(じんそく)な公開裁判**

★★29 国家による経済活動への介入を原則的に排除し、国民が自由に経済活動を行なうことを保障する自由権のことを何というか。

29 **経済活動の自由**

★30 公共の福祉の観点から、居住や職業選択の自由は憲法上明確に制限されている。そのほか、憲法上明確に制限している経済活動の自由は何か。

30 **財産権行使の自由**

★31 日本国憲法では保障されているが、明治憲法では保障されていなかった経済活動の自由とは何か。

31 **職業選択の自由**

社会権

★★1 日本国憲法は、第25条から第28条にかけて社会権を規定している。社会権とは、どのような権利のことか。

1 **人間らしく生きる権利**

★★2 社会権の中で、人間として生きていくための必要最低限の生活を国家に要求する権利のことを何という

2 **生存権**

第2章 日本国憲法 31

か。憲法第25条は，健康で文化的な最低限度の生活を営む権利としている。

★3 憲法第25条2項は，生存権を実現するため，国に積極的な施策を講じる義務を規定している。社会保障，公衆衛生，もう一つは何か。

3 社会福祉

★4 憲法第25条の生存権を，具体的に保障するために制定されている法律を何というか。最低限度の生活を保障するための法律。

4 生活保護法

★5 健康で文化的な最低限度の生活を営む権利を規定した憲法第25条は，国の努力目標を規定したものであり，具体的な権利を保障するものではない，とする見解を何というか。

5 プログラム規定説

★6 国の生活保護の基準は低すぎて憲法第25条に反している，として争われた生存権をめぐる訴訟を何というか。1967(昭和42)年，最高裁はプログラム規定説を採用し，国側が勝訴した。

6 朝日訴訟

★7 障害福祉年金と児童扶養手当との併給禁止は憲法違反である，として争われた訴訟を何というか。1982(昭和57)年，最高裁はプログラム規定説をとり，合憲とした。

7 堀木訴訟

★★8 社会権の一つで，人間らしく成長・発達していくために欠かすことのできない権利を何というか。この権利の最低限保障として，義務教育の無償を定めている。

8 教育を受ける権利

★★9 社会権の一つとして，憲法第27条は労働者の働く権利を保障している。この権利のことを何というか。

9 勤労権

★★10 憲法第28条は，労働者の権利を三つ(労働三権)保障している。団体交渉権，団体行動権(争議権)，もう一つは何か。

10 団結権

★11 勤労権や労働三権を，より具体的に保障するために制定された三つの法律を，まとめて何というか。

11 労働三法

参政権・請求権

★★1 政治に参加することは基本的人権の一つであるとして，憲法では選挙権や被選挙権，憲法改正の国民投票などを規定している。こうした権利のことをまと

1 参政権

★★2 国民の権利や自由が侵害されたときに、国に対して救済措置を求める権利のことを何というか。人権を確保するための権利。これはすべての国民に保障されており、未成年者であっても権利行使できる。

2 請求権

★3 損害の救済や、法律・条例などの制定や廃止などに関して、国会や地方議会などに文書で希望を申し出る権利のことを何というか。請求権の具体的な権利の一つ。

3 請願権

★4 他人の行為によって損害を被った場合に、その相手に対して損害を償うよう求める権利を何というか。

4 損害賠償請求権

★5 刑事裁判の手続きで、拘禁などによって身体の自由が制限されていた人が、裁判の結果、無罪になったとき、国に対して刑事補償を請求する権利が保障されている。この権利のことを何というか。

5 刑事補償請求権

6 刑事事件で逮捕された人が、比較的長い期間にわたって身体の自由を拘束されることを何というか。

6 拘禁

★7 請求権の一つで、権利や自由が侵害されたときに、裁判によって救済を求める権利を何というか。

7 裁判を受ける権利

★8 日本国憲法は国民の義務を三つ規定している。子どもに教育を受けさせる義務、納税の義務、もう一つは何か。

8 勤労の義務

新しい人権

★★1 憲法には明記されていないが、今日では基本的人権として保障していくことが必要であると考えられる人権を、特に何というか。

1 新しい人権

★★2 私生活を他人に知られない権利を何というか。今日の情報化社会にあっては、個人の尊厳を守るために保障されなければならない権利となっている。

2 プライバシーの権利

★★3 個人の権利と利益を保護するために、個人情報を取得し取り扱っている事業者に対し、様々な義務と対応を定めた法律を何というか。2005(平成17)年に施行された。

3 個人情報保護法

★4 一定の犯罪に限定して、裁判官の発する令状のもと、捜査機関による電話などの傍受を合法化する法律を

4 通信傍受法

何というか。プライバシーの権利との関係で，厳正な適用が求められる。1999（平成11）年に制定された。

★★ **5** 国や地方公共団体の行政機関が持っている情報を，国民が自由に入手できるように保障する制度のことを何というか。知る権利に対応する制度。

5 情報公開制度

★★ **6** 新しい人権で，国民が主権者として国政に参加するにあたり，国家や社会の情報に接し，知ることができるという権利を何というか。

6 知る権利

★ **7** マス＝メディアの一方的な報道に対し，人々がマス＝メディアを利用して，反論したり意見を表明したりする権利のことを何というか。言論の自由を実現するために必要な権利。

7 アクセス権

★★ **8** 良好な環境のもとで生活することを求めて，幸福追求権や生存権を根拠にして主張されている権利を何というか。これまでの判決では，まだ明確に認められていない。

8 環境権

★★ **9** 環境にかかわる新しい権利の一つで，太陽の光を浴びる権利が判例上確立しているが，この権利を何というか。

9 日照権

★★ **10** プライバシーの権利や環境権など，憲法に明記されていない新しい基本的人権を求める際に，援用される憲法第13条の権利を何というか。

10 幸福追求権

★ **11** 他人の違法な行為によって，自己の利益を侵害され，あるいは侵害される恐れがある場合，その行為を止めさせることを求めることを何というか。公害による被害の救済や，名誉，プライバシーの侵害救済などがある。

11 差し止め請求

★ **12** 人権の保障が，国内政治の枠を越えて世界共通の課題としてとらえられ，人権の確立と拡充が国際的に展開されている現象を何というか。

12 人権の国際化

★★ **13** 人権の国際化をすすめるため，1966年の国連総会で採択された条約を何というか。経済的・社会的な権利に関するA規約と，市民的・政治的権利に関するB規約からなっている。

13 国際人権規約

★ **14** 結社の自由や団結権を保障したり，社会保障の最低基準を規定したりすることによって，労働者の人権

14 国際労働機関（ILO）

を守ろうとしている国際機関を何というか。

★**15** 1989年，児童の権利保障を各国政府に義務付けるため，国連総会で採択された条約を何というか。子どもを，権利の主体としてとらえる条約。日本は1994（平成6）年に批准した。アメリカは条約に署名したが，まだ批准していない。

15 児童の権利条約

★**16** パレスチナなど，紛争が頻発する地域から逃れて外国にいる人々に対して，最低限の人権を保障しようとして制定された条約を何というか。

16 難民条約（難民の地位に関する条約）

★**17** 政治犯の釈放運動など，人権を抑圧されている人々を救援する活動を行なっている，国際的な民間組織を何というか。1977年，ノーベル平和賞を授与された。

17 アムネスティ＝インターナショナル

第I部 現代の政治

第3章 日本の政治制度

1 政治制度の特色

★★1 日本の政治制度の，最も基本的な原理は二つある。一つは議会制民主主義(代議制)，もう一つは何か。 — 1 三権分立

★★2 日本の三権分立は，国会と内閣との関係において，完全分離ではなく，イギリス流の協力融合の形をとっている。こうした制度を何というか。 — 2 議院内閣制

★3 日本の三権分立は，制度的にはアメリカ流の司法権優位の考え方がとられている。立法権や行政権に対して，司法権の優位が起こるのはなぜか。 — 3 裁判所に違憲立法(法令)審査権があるから

★★4 憲法前文は，「日本国民は，正当に選挙された国会における代表者を通じて行動」すると述べている。このことは，どういう考え方を宣言したものか。 — 4 議会制民主主義

★★5 議会制民主主義の考え方は，国会を政治の中心に置くことを意味する。これを何というか。 — 5 国会中心主義

2 国会

国会の権限

★★1 日本国憲法は，議会制民主主義に基づき，国会を国権の最高機関とし，さらに，どのような機関と定めているか。 — 1 唯一の立法機関

★2 国会は唯一の立法機関であり，立法権を独占する。しかし，憲法は立法権独占の例外を規定している。地方公共団体に認めている立法権を何というか。 — 2 条例制定権

★★3 憲法改正の発議は，国会だけができる権限である。この発議のためには，どのような手続きが必要か。 — 3 各議院の総議員の3分の2以上の賛成

★★4 行政権との関係で，国会に認められている権限は二つある。予算の議決と，もう一つは何か。 — 4 内閣総理大臣の指名

★5 条約に関して，国会に認められている権限は何か。条約締結は内閣の権限であるが，これがないと条約は成立しない。 — 5 条約の承認

★★6 司法権との関係で国会に認められている権限には， — 6 弾劾裁判所

	裁判官を裁くための裁判所を設置する権限がある。この裁判所のことを何というか。	
★7	裁判官の職務上の違反や，裁判官として信用を失わせるような行為があった場合に，弾劾裁判所に罷免を申し立てる委員会を何というか。衆参両院の議員各10人で構成される。	7 訴追委員会
★★8	新たに税金を課したり，現行の税制を変更したりするときは，必ず国会で法律を制定して行なわなければならないと憲法で規定している。この考え方を何というか。	8 租税法律主義
★9	自衛隊の防衛出動に関して，法律で，国会の権限と定められていることは何か。	9 出動の承認

衆議院・参議院

★★1	国会は，衆議院と参議院の二つの議院によって構成されている。こういう制度を何というか。	1 二院制（両院制）
★2	憲法に明文規定はないが，国会が立法機関であることから，両議院が持っている権限とは何か。	2 法律案の提出権
★3	国会は唯一の立法機関であるが，憲法上，両議院に例外を認めている。両議院がそれぞれ持っている立法権を何というか。	3 規則制定権
★4	両議院は，国政全般について調査する権限を持っている。この権限を何というか。	4 国政調査権
★5	両議院は，国政調査権を発動して，あらゆる行政の事実を調査することができる。このとき，関係する人を議院に呼び出して調査することを何というか。	5 証人喚問
★6	両議院は，議事を開き議決するためには，一定の出席者数（定足数）がなければならない。憲法上，定足数はどのように定められているか。	6 総議員の3分の1以上
★★7	衆議院議員の任期は4年であるが，途中で任期が終了する場合がある。途中での任期終了が起きるのはなぜか。	7 解散があるため
★★8	国会の意思決定が円滑に行なわれることを配慮して，両議院の議決が異なったときには，一方の議院の決定をもって国会の決定とする場合がある。このことを何というか。	8 衆議院の優越

★★ 9	衆議院の優越が認められていることは四つある。予算の議決，条約の承認，内閣総理大臣の指名，もう一つは何か。	9 **法律案の議決**
★ 10	衆議院で可決し，参議院でこれと異なった議決をした法律案は，衆議院で再議決すれば法律となる。再議決にはどれだけの賛成が必要か。	10 **出席議員の3分の2以上**
★ 11	衆議院にのみ認められている権限は二つある。一つは予算の先議権，もう一つは何か。	11 **内閣不信任決議権**
★ 12	予算の議決，条約の承認，内閣総理大臣の指名に際し，衆参両院の意見が一致しないときは，憲法上必ず開かなければならない会議がある。これを何というか。	12 **両院協議会**
★ 13	予算について，両院協議会を開いても意見が一致しないときは，どのようにして予算を決定するか。	13 **衆議院の議決を国会の議決とする**
★ 14	条約の承認に関して，参議院で何日以内に議決しないと，衆議院の議決が国会の議決となるか。	14 **30日以内**
★ 15	内閣総理大臣の指名について，衆議院の指名議決後，何日以内に参議院が指名の議決をしないと，衆議院の議決を国会の議決としてしまうか。	15 **10日以内**
★★ 16	参議院議員の任期は6年である。改選はどのような方法で行なわれるか。	16 **3年ごとに半数改選**
★ 17	衆議院の解散中に緊急の必要がある場合，参議院のみの議決を臨時に国会の議決とすることができる。こうした参議院の集会を何というか。	17 **緊急集会**
★ 18	参議院の緊急集会で決まったことは臨時のものなので，次の国会が開かれたのち，10日以内に特別の措置が必要である。この特別の措置のことを何というか。	18 **衆議院の同意**
★★ 19	衆議院では与党が過半数の議席を持ち，参議院では野党が過半数の議席を持っている状態を，一般に何というか。	19 **ねじれ国会**

国会の形態

★★ 1	毎年かならず1回，1月中に召集される会期150日の国会を何というか。	1 **常会（通常国会）**
★ 2	常会（通常国会）の中心議題は何か。	2 **予算案の審議**

★3	常会後，内閣が必要に応じて召集する国会を何というか。	3 臨時会(臨時国会)
★4	臨時会(臨時国会)は，内閣が召集するだけでなく，議院の要求があれば，内閣はその召集を決定しなければならない。どれだけの要求数があれば，臨時会の召集を決定しなければならないか。	4 いずれかの議院の総議員の4分の1以上
★5	衆議院の解散に伴う総選挙のあとに開かれる国会を何というか。	5 特別会(特別国会)
★6	特別会(特別国会)は，総選挙の日から何日以内に召集されるか。	6 30日以内
★7	特別会の中心議題は何か。	7 内閣総理大臣の指名
★8	衆議院，参議院において，それぞれ総議員で構成する会議を何というか。	8 本会議
★9	両議院の本会議は，総議員の3分の1以上の出席で成立し，議事は公開を原則とする。議決はどのように行なわれるか。	9 過半数
★10	本会議の議決の際，出席議員の3分の2以上の特別多数決を必要とするものは三つある。法律案の衆議院における再議決，秘密会開催の議決，もう一つは何か。	10 議員の議席を失わせる議決
★11	衆参両院に設置される常設の委員会を何というか。予算・文部科学・法務などの委員会があり，議案の実質的審議が行なわれる。すべての議員はいずれかの委員会に属する。	11 常任委員会
★12	特定の問題を審議するために設置される委員会を何というか。特定の問題がその議院で議決されるまで存続する。	12 特別委員会
★13	委員会制は，議員の専門的知識や経験が生かされる点で優れているが，一方でどのような欠点があるか。	13 本会議の形式化
★14	常任委員会及び特別委員会で，利害関係者や学識経験者らから意見を聴取する会を何というか。	14 公聴会
★15	公聴会は，必ず開かなければならないと規定されているものが二つある。重要な歳入法案についてと，もう一つは何か。	15 予算
★16	国会の召集，会期，委員会及び会議の方法などについて，具体的に詳しく定めている法律を何というか。	16 国会法

国会議員

★ 1 国会議員の提案による立法を何というか。国会中心主義の立場からすると，法律はすべて議員の提案でなされるべきであるが，現実には内閣提案の立法が多い。 — 1 **議員立法**

★★ 2 国会議員は国会の会期中は逮捕されない，という権限を何というか。 — 2 **不逮捕特権**

★ 3 国会議員は会期前の逮捕であっても，会期中は釈放されることがある。どこからの要求があれば釈放されるか。 — 3 **議院の要求**

★★ 4 言論の自由は国会制度に不可欠である。そのため両議院の議員は，本会議や委員会で行なった演説，討論，表決について，議院外で責任を問われない。このことを何というか。 — 4 **免責特権**

★ 5 国会議員は，憲法で歳費(給料に相当)を受ける権利が規定され，その金額は国会法で一般職の国家公務員の最高の給与額より少なくない額となっている。このことを何というか。 — 5 **歳費特権**

3 内閣

内閣の組織

★★ 1 内閣は，首長である内閣総理大臣と17人(復興庁設置の間は18人)の大臣で構成される。内閣総理大臣以外の，そのほかの大臣のことを何というか。 — 1 **国務大臣**

★★ 2 内閣総理大臣及び国務大臣は，現職自衛官以外の者という資格要件が定められている。この資格を持つ人を何というか。 — 2 **文民**

★ 3 内閣総理大臣が国務大臣を任命する際には，二つの資格要件がある。一つは文民，もう一つは何か。 — 3 **過半数は国会議員**

4 国務大臣は，国会議員でなくても，いつでも衆参両院で発言できるし，答弁する義務がある。このことを何というか。 — 4 **議院出席の権利と義務**

★★ 5 国務大臣を任免し，内閣を代表して議案の提出や国務などの報告，行政機関の指揮監督を行ない，内閣 — 5 **内閣総理大臣(首相)**

	の会議(閣議)を主宰するのはだれか。	
★★ 6	内閣総理大臣は，国会議員の中から選ばれる。どのような手続きで指名されるか。	6 国会の議決
★ 7	内閣総理大臣の指名で，衆議院と参議院とで異なった指名の議決をした場合，両院協議会が開かれるが，それでも意見が一致しないときは，何をもって国会の議決とするか。	7 衆議院の議決
★★ 8	国会の議決で指名された人は，だれによって内閣総理大臣に任命されるか。	8 天皇
★★ 9	内閣は行政権の行使について責任を負う。内閣は，どこに対して，どのような方法で責任をとるか。	9 国会に対して連帯責任
★ 10	内閣の仕事は一体のものであり，全体として責任を負う。そのため，閣議に求められている要件とは何か。	10 全会一致
★★ 11	憲法の規定によって，内閣が総辞職しなければならない場合は三つある。新国会が召集されたとき，内閣総理大臣が欠けたとき，もう一つは何か。	11 内閣不信任案の可決
★★ 12	内閣不信任案が可決されるか，信任案が否決された場合，内閣のとり得る道は二つある。総辞職するか，もう一つは何か。	12 衆議院を解散する
★ 13	衆議院で内閣不信任案が可決された場合，内閣は衆議院の解散という対抗手段がある。それは何日以内に行なわれなければならないか。	13 10日以内
★ 14	衆議院が解散された場合，解散の日から数えて何日以内に総選挙が行なわれなければならないか。	14 40日以内
★ 15	衆議院が解散された場合，総選挙が行なわれるが，総選挙の日から何日以内に特別会を召集しなければならないか。	15 30日以内
★ 16	不信任可決を前提にしない解散を何というか。実際には，不信任可決による解散(69条解散)は少なく，多くは不信任可決を前提としない解散が行なわれている。	16 7条解散
★ 17	2001(平成13)年，それまで1府22省庁であった行政機構が再編された。いくつの府や省庁に再編されたか。	17 1府12省庁
★ 18	内閣総理大臣と内閣官房を補佐するための行政機関	18 内閣府

を何というか。ほかの省庁より一段上に格付けされ，特命担当大臣を置くなどして重要政策について内閣を補佐している。

★19 省庁再編によって，大臣を補佐する二つの役職がつくられた。一つは副大臣，もう一つは何か。官僚主導の行政から政治主導への転換をはかるために新設された。 | 19 政務官

★20 内閣は広く行政権を持ち，法律を執行し行政事務を統轄するが，内閣の指揮監督のもとで行政事務を分担する人々のことを何というか。 | 20 国家公務員

内閣の権限

★★1 内閣の権限で，立法に関する権限は大きく二つある。政令の制定と，もう一つは何か。 | 1 法律案の提出権

★★2 財政に関する内閣の権限で，最も大きな権限は何か。 | 2 予算の作成権

★3 予備費は，内閣の権限で支出できるが，事後にどのような手続きが必要か。 | 3 国会の承諾(しょうだく)

★★4 外交関係を処理する権限とともに，内閣が持っている外交に関する権限とは何か。 | 4 条約の締結権

★5 条約の締結権は内閣が持っているが，条約が成立するためには国会の承認が必要である。この承認のことを何というか。 | 5 批准(ひじゅん)

★6 裁判所が下した刑罰を，内閣は減免する権限を持っている。これを何というか。 | 6 恩赦(おんしゃ)の決定

★★7 天皇は，国事行為を単独で行なうことは許されず，常に内閣の意見に基づいて行なわなければならない。このことを何というか。 | 7 内閣の助言と承認

★8 内閣総理大臣は，法律で，自衛隊の出動に関する権限を有している。一つは治安出動命令，もう一つは何か。なお，この権限行使には，国会の承認が必要である。 | 8 防衛出動命令

4　裁判所

裁判所の組織

★1 すべて司法権は裁判所に属するとし，憲法は二つの | 1 下級裁判所

裁判所を規定している。最高裁判所と，もう一つは何か。

★2 最高裁判所は憲法でその設置が規定されているが，下級裁判所の設置については，憲法では規定されていない。下級裁判所の設置は，何で規定されているか。

2 法律（裁判所法）

★3 日本国憲法は，すべての国民に裁判の平等と公正を保障するため，最高裁判所と下級裁判所以外の裁判所を認めない。このことを称して何というか。

3 特別裁判所の禁止

★★4 司法権はすべて裁判所によって行使される。しかし，この原則に反して，憲法自らが例外を規定している。憲法が認める例外の裁判所とは何か。

4 弾劾裁判所

★5 明治憲法のもとでは，特殊な人または特殊な事件について裁判する，特別裁判所が存在していた。そのうち，軍人を裁く特別裁判所のことを何というか。

5 軍法会議

★★6 最高裁判所の裁判官は，長官を含めて何人で構成されているか。

6 15人

★7 最高裁判所において，15人全員の裁判官によって構成される合議体を何というか。

7 大法廷

★★8 必ず大法廷で取り扱わなければならないことになっている裁判とは，どのような判断をするときか。

8 合憲か違憲かの判断

★★9 下級裁判所の最上位にある裁判所を何というか。主に控訴審（第二審）を扱い，原則3人，重大な事件については5人の合議制で裁判を行なう。全国に8カ所ある。

9 高等裁判所

★★10 最も普通の第一審裁判所を何というか。各都府県に一つ，北海道に四つある。単独裁判を原則とするが，重大な事件の場合は3人の合議制で裁判を行なう。

10 地方裁判所

★★11 家庭に関する事件の審判や調停，及び未成年者の保護事件の審判などを行なう，第一審の裁判所を何というか。第二審は高等裁判所で行なわれる。

11 家庭裁判所

★12 小額軽微な事件の第一審を行なう裁判所を何というか。全国に400カ所ほどあり，裁判はすべて単独裁判で行なわれる。

12 簡易裁判所

★13 東京高等裁判所の支部として，2005（平成17）年に設置され，特許権やプログラムの著作権に関する訴え

13 知的財産高等裁判所

の控訴事件を，集中して扱う裁判所を何というか。

★★ 14 最高裁判所の長官は，内閣の指名に基づき天皇が任命するが，最高裁判所の長官以外の裁判官を任命するのはどこの機関か。

14 内閣

★ 15 下級裁判所の裁判官は内閣が任命する。この任命は，何に基づいて行なわれなければならないか。

15 最高裁判所の指名した名簿

★ 16 下級裁判所の裁判官の任期は10年である。任期が切れた場合にどうなるか。

16 再任可能

司法権の独立

★★ 1 裁判は，政治的な圧力や他の裁判官から干渉を受けずに，法に基づいて公正に行なわれなければならないとする原則を何というか。

1 司法権の独立

★★ 2 司法権の独立を守るため，裁判官は良心に従って独立して裁判を行ない，憲法と法律にのみ拘束される，という原則を何というか。

2 裁判官の独立

★ 3 裁判官の独立を確保するためには，裁判官の身分保障が必要である。身分保障の一つの具体例として，憲法は裁判官の報酬についてどのように規定しているか。

3 在任中は減額されない

★ 4 下級裁判所の裁判官の身分保障のため，病気のとき以外，特別の手続きによらなければやめさせられない。この特別の手続きのことを何というか。

4 公の弾劾

★★ 5 最高裁判所の裁判官について，内閣の不当な任命を防ぐため，国民が直接審査する制度を何というか。国民主権を貫くための制度。

5 国民審査

★ 6 最高裁の裁判官は任命後，総選挙の際に国民審査を受け，その後10年を経過するごとに審査を受ける。憲法上，どのような審査結果の場合に罷免されるか。

6 投票者の多数が罷免を可とするとき

★ 7 明治時代に起きた事件で，司法権の独立に関係の深い事件を何というか。1891(明治24)年，訪日中のロシア皇太子を負傷させた事件。

7 大津事件

★ 8 大津事件の裁判に，当時の内閣が干渉し圧力をかけた。これに対し，政府の干渉に屈するなと担当裁判官を励まして，外部からの司法権の独立を守った大審院長はだれか。

8 児島惟謙

裁判

★★ 1 国民が刑事事件の裁判に参加し，被告人が有罪かどうか，有罪の場合どのような刑にするのかを，裁判官と一緒になって決める制度を何というか。2009(平成21)年から実施された。 — 1 **裁判員制度**

★★ 2 裁判員に課せられている義務を何というか。裁判の公正さや信頼性を確保するとともに，自由な意見をいえるようにするために，きわめて重要なもの。 — 2 **守秘義務**

★★ 3 裁判員制度は，裁判官3人と裁判員6人が一緒になって裁判を行なうものである。この裁判が行なわれるのは，何という裁判所においてか。 — 3 **地方裁判所**

4 一般の人々が裁判に直接参加し，裁判官とは別に事実認定を行なう制度を何というか。アメリカでは刑事・民事事件で実施している。日本では1923(大正12)年に定められたが，1943(昭和18)年に施行を停止，現在に至っている。 — 4 **陪審制度**

★★ 5 裁判(訴訟)は，事件の性質によって三つに分類される。国民相互の間の，紛争や利害衝突を調整し，解決する裁判を何というか。 — 5 **民事裁判**

★ 6 民事裁判では，当事者同士が話し合って，互いに譲歩し，争いをやめることに合意することがある。これを何というか。 — 6 **和解**

★★ 7 刑法などに基づいて，犯罪を認定し刑罰を科す裁判を何というか。検察官が原告となって裁判所に訴え(起訴)，審理が始まる。 — 7 **刑事裁判**

★ 8 刑事裁判では，一定の重大な事件について，犯罪被害者やその家族が被告人質問や証人尋問を行なうなど，裁判に参加できる制度がある。この制度を何というか。2008(平成20)年から導入された。 — 8 **犯罪被害者参加制度**

★★ 9 行政官庁が行なった処分の適法性を争う裁判を何というか。具体的には，国民の側から処分の取り消しや変更などを求める裁判。 — 9 **行政裁判**

★10 裁判制度の利用をより容易にし，法的なトラブルを解決する情報やサービスの提供を行なってくれる機関を何というか。国が運営する独立行政法人である。 — 10 **法テラス**

★★11	裁判を慎重に行なうため，同一事件で原則として3回裁判が受けられる。この制度を何というか。	11 **三審制**
★★12	地方裁判所や家庭裁判所または簡易裁判所が下した第一審の判決に不服な場合，上級の裁判所（通例は高等裁判所）に再審理を求めることを何というか。	12 **控訴**
★★13	第二審の判決が不服の場合，上級の裁判所（通例は最高裁判所）に再審理を求めることを何というか。	13 **上告**
★14	地方裁判所や家庭裁判所または簡易裁判所が下した，決定や命令（いずれも判決より軽いもの，例えば支払い命令）に不服な場合，高等裁判所に救済を求めることを何というか。	14 **抗告**
★15	裁判で判決が確定したあとで，その裁判の事実認定に誤りが明白であるとみられる場合に，裁判をやり直すことを何というか。救済のための手続き。	15 **再審**
★16	30歳で逮捕されて以来，45年以上にわたって拘束され，死刑の判決を受けていた人が，2014（平成26）年，再審開始決定を受けて釈放された。この事件を何というか。死刑が確定していた人が再審によって無罪となった事件には，免田事件，財田川事件，松山事件，島田事件がある。	16 **袴田事件**
★★17	裁判の公正を確保するため，裁判官の前で行なわれる事件の審理や弁論などに，一般の傍聴を許すことが憲法で定められている。この原則を何というか。	17 **公開裁判の原則**
★18	公の秩序や道徳を害する恐れがある場合，非公開で裁判を行なうこともできるが，必ず公開裁判でなければならない事件が憲法で三つ定められている。出版に関する犯罪，国民の権利が問題となっている事件，もう一つは何か。	18 **政治犯罪**
★★19	犯罪とされる行為やこれに対する刑罰は，行為前に制定された法律によってしかできないとする主義を何というか。憲法第31条や第39条は，この考え方を明らかにしたもの。	19 **罪刑法定主義**
★★20	刑事事件において，公益を代表して裁判所に訴える権限を持ち，裁判中は被告人が犯行を行なったことを立証する責任を負う人はだれか。	20 **検察官**
★★21	検察官が，裁判所に事件の審理を求めて訴えをする	21 **起訴**

★22 検察官が,起訴すべき事件を起訴しないことが起こらないようにするため,国民の代表者が不起訴処分の適否を審査する会を何というか。この会の議決は法的拘束力を持ち,2回目の審査でも起訴議決されると強制起訴となる。

22 検察審査会

★23 検察官の事務を統轄する官庁を何というか。各級の裁判所に対応して,最高,高等,地方,区の4種がある。

23 検察庁

★24 検察官は裁判官と異なり,上級検察官の指揮,監督に服する。これを何の原則というか。

24 検察官一体の原則

裁判所の権限

★★1 最高裁判所は,訴訟に関する手続きなどについて,立法権が認められている。この権限を何というか。

1 規則制定権

★2 最高裁判所の定める規則に従わなければならない人として弁護士がいる。そのほか,従わなければならない人はだれか。

2 検察官

★★3 裁判所は,法律や命令,そのほかの国家行為が憲法に違反していないかどうかを審査する権限を持っている。この権限を何というか。

3 違憲立法審査権(違憲法令審査権)

★★4 いっさいの法律,命令,規則または処分が,憲法に適合するか否かを決定する,終審裁判所はどこか。

4 最高裁判所

★★5 最高裁判所は最終的な憲法判断を行なうことから,特別な呼び方をされることがある。この特別な呼び方を何というか。

5 憲法の番人

★6 すべての裁判所は違憲立法(法令)審査権を持つが,抽象的に法令などの合憲,違憲を判断する権限は有しないとされる。どのようなときに審査権を行使するか。

6 具体的な事件の裁判に関連して

★7 具体的な事件に関連していても,裁判所は違憲立法審査をしない場合がある。それはどのような場合か。

7 訴えの利益がない場合

★★8 訴えの利益があっても,争われていることが国会や内閣の自律に任されている事項については,裁判所は審査権を行使しない。こうした考え方を何論というか。

8 統治行為論

★ 9 これまで最高裁判所は違憲立法審査権を行使して、法律を違憲無効と判決したことが10件ある。最初に出された違憲判決は、どのような事件に関してか。刑法200条が違憲とされ、削除された。

9 尊属殺人罪

★10 議員一人あたりの有権者数の格差が約5倍の不均衡は、違憲であるとした判決が1976（昭和51）年に出された。これは何に関しての違憲判決であったか。

10 衆議院の議員定数

5 地方自治

地方自治の本旨

★ 1 「地方自治は民主主義の学校である」という言葉で有名なイギリスの政治学者はだれか。地方自治は民主政治の基礎であると説いた人物。

1 ブライス

★★ 2 都道府県と市区町村とを総称して何というか。国からある程度独立し、その地域住民によって運営される団体。

2 地方公共団体（地方自治体）

★★ 3 地方自治の本旨に基づいて、地方公共団体の組織及び運営に関する事項を定めた法律を何というか。

3 地方自治法

★ 4 「地方自治の本旨」とは何のことか。

4 住民自治と団体自治

★★ 5 地域住民の意思に基づいて、住民自身の手で、地方公共団体の政治が行なわれることを何というか。

5 住民自治

★ 6 住民自治を具体化するため、住民が地方公共団体の長及び議会の議員を選ぶにあたって、憲法はどのように定めているか。

6 直接、選挙する

★ 7 特定の地方公共団体にのみ適用される法律（特別法）を制定する場合、その地域住民による何が必要か。

7 住民投票

★★ 8 国から指揮・監督を受けずに、独自に地方公共団体の政治を行なうことを何というか。

8 団体自治

★ 9 団体自治を保障するため、憲法は地方公共団体にどのような権利を認めているか。

9 条例の制定権

★★10 条例の制定には、制限が付けられている。どのような制限が付けられているか。

10 法律の範囲内

★11 地方公共団体によって保障されるべき、市民生活の最低水準のことを何というか。

11 シビル＝ミニマム

議会と執行機関

★1 地方公共団体の長,及び議会の議員の任期は,地方自治法で規定されている。それぞれ何年か。

1 ともに4年

★2 都道府県や市区町村の団体意志や方針を決める議決機関を何というか。

2 議会

★3 都道府県議会や市区町村議会は,議会の構成上,どのような特色があるか。

3 一院制

★★4 地方公共団体の長を,都道府県は知事,そのほかは市長・区長・町長・村長というが,それらを総称して何というか。

4 首長

★5 地方公共団体の首長は,どのような機関と位置付けられているか。

5 執行機関

★6 首長の補助機関で,一般職に属する人々を何というか。

6 地方公務員

★★7 首長は議会に対して,条例・予算の拒否権を持っている。そのほかに,どのような権限を持っているか。

7 議会の解散権

★8 条例または予算について首長が拒否権を発動した場合,議会がどのような手続きをとれば,それらは成立するか。

8 出席議員の3分の2以上の再議決

★★9 首長と議会の相互関係において,議会は首長に対して,どのような権限を持っているか。

9 不信任決議権

★10 議会が首長の不信任決議を行なう場合,議員の3分の2以上が出席し,出席者のどれだけの同意を必要とするか。

10 4分の3以上

★11 首長の不信任の決議がなされた場合,首長のとり得る道は二つある。一つは辞職すること,もう一つは何か。

11 10日以内に議会を解散すること

★★12 地方公共団体の扱う事務は大きく二つある。一つは法定受託事務,もう一つは地方公共団体が主体的に行なう事務である。この主体的に行なう事務を何というか。

12 自治事務

★★13 地方公共団体の扱う事務で,国が法令に基づいて地方公共団体に委託する事務を何というか。

13 法定受託事務

★★14 2000(平成12)年から,国と地方公共団体の関係を,上下の関係から対等の関係に改める,一連の法律が

14 地方分権一括法

第3章 日本の政治制度 49

施行された。この一連の法律を何というか。

★★ 15 すべての国民に11けたの番号（住民票コード）を付け，個人情報を管理するシステムを何というか。2002（平成14）年から用いられている。

15 住民基本台帳ネットワーク（住基ネット）

地方財政

★★ 1 地方公共団体の財源の主なものは四つある。地方交付税，国庫支出金，地方債，もう一つは何か。

1 地方税

★★ 2 個人が支払う地方税の中で，都道府県民税と市町村民税を合わせて何税というか。

2 住民税

★★ 3 地方公共団体は，自主財源である地方税が歳入の3〜4割しかなく，残りは国からの財源に頼っている財政事情のため，地方公共団体は3〜4割程度しか独自の行政が行なえない状態である。このことを称して一般に何といわれるか。

3 三割自治

★ 4 地方税は地方公共団体の自主財源である。他方，地方交付税，国庫支出金，地方債を何財源というか。

4 依存財源

★★ 5 財政力の弱い地方公共団体に対して，一定の行政水準を確保するために，国が交付するお金を何というか。これは使途が特定されず（一般財源），どの経費にも使用できる。

5 地方交付税

★ 6 地方交付税は，国が集めた税金の一定割合が交付されることになっている。地方交付税に充当されることになっている直接税の国税は二つである。法人税ともう一つは何か。

6 所得税

★★ 7 本来，国が行なうべき仕事の委託金や負担金，さらに一定の仕事を援助するための補助金を総称して何というか。公共事業や生活保護などに関するものがある。

7 国庫支出金

★ 8 地方公共団体が，国庫委託金や国庫負担金の対象となる事業を行なったのに，国から支出される金額が少なくて，自前の財源を持ち出すことを何というか。

8 超過負担

★ 9 地方公共団体が，特定支出にあてるために発行する債券のことを何というか。

9 地方債

★ 10 地方公共団体の財源で，使途が決められている財源を何というか。

10 特定財源

直接請求制度

★★ 1 住民自治を実現するため，地方自治法は直接民主制の制度を規定し，住民にある権利を保障している。この権利を何というか。 — 1 **直接請求権**

★★ 2 地方自治法が定める直接請求権の中で，立法に関する権利として，具体的にどのような権利が規定されているか。 — 2 **条例の制定や改廃**

3 条例の制定，改廃の請求には，その地域の有権者の何分の1以上の署名数が必要か。 — 3 **50分の1以上**

★ 4 必要な署名数を集めて，条例の制定，改廃の請求が地方公共団体の首長に出されると，首長はそれをどう扱わなければならないか。 — 4 **議会にかけて結果を公表する**

★ 5 議会の解散，議員の解職，首長の解職などを請求するリコールには，有権者の何分の1以上の署名数が必要か。 — 5 **3分の1以上**

★ 6 議会の解散，議員の解職，首長の解職などを請求するリコールの場合，署名の提出先はどこか。 — 6 **選挙管理委員会**

★ 7 議会の解散，議員の解職，首長の解職請求が選挙管理委員会で受理されると，投票が行なわれる。有権者のどれだけの同意があると，解散や解職となるか。 — 7 **過半数**

★ 8 監査請求は，その地域の有権者の50分の1以上の署名数でできる。受理するのはだれか。なお，監査請求と，一人でも行なうことのできる住民監査請求とは，別ものである。 — 8 **監査委員**

9 条例を制定して，住民が自分たちの地域の課題について，賛否で直接に意思表示するやり方を何というか。法的拘束力はないが，住民の意思を反映させる有効な手段。 — 9 **住民投票**

10 1996（平成8）年，原子力発電所の設置について賛否を問うため，全国初の住民投票を実施した地方公共団体はどこか。 — 10 **新潟県巻町**

★★ 11 地域住民が，その地域の特定問題を自分たちの手で解決するために，国や地方公共団体，企業などに働きかける運動を何というか。 — 11 **住民運動**

第4章 現代日本の政治

1 政党政治

政党の特色

★★1 国民の様々な意見や利害をまとめて、政治に反映させるという役割をになって組織される政治集団を何というか。

1 政党

★2 政党は、ほかの政治団体とは異なる二つの特徴を持っている。一つは政権獲得を目指すということ、もう一つは何か。

2 政策、綱領を持つこと

3 公党としての政党の確立を主張した、18世紀イギリスの思想家はだれか。彼は、政党は私的に組織されるが、国民的利益を追求する公党でなければならないと主張した。

3 バーク

★★4 複数の政党が、選挙を通じて平和的に政権を競い合っている政治のことを何というか。

4 政党政治

5 制限選挙が行なわれていた時代の政党は、地方の有力者からなる議員が、議会内で政府に対抗したり、政権を獲得するためにつくったものである。こういう政党を何というか。

5 名望家政党

★6 普通選挙制が導入されると、議会外に大衆組織を持ち、一定の政策や綱領を掲げて、選挙に臨む政党が発達した。こうした政党を何というか。

6 大衆政党(組織政党)

★7 二つの大政党が相互に政権を争い、選挙に勝った方が政権を担当する制度を何というか。アメリカで典型的にみられる。

7 二大政党制

★8 多数の政党が競合し、いずれの政党も単独では政権を担当できる勢力を持たない政治の形態を何というか。イタリアやフランスなどに典型的にみられる。

8 多党制(小党分立制)

★9 国民の様々な要望を受け止めるために、政党がいくつも誕生してくることを何というか。

9 多党化

★★10 政権を担当している政党のことを何というか。

10 与党

★★11 政権の外にあり、政権を担当している政党とは対立

11 野党

的な政党を何というか。

日本の政党政治

★1 現状の日本の社会を維持しながら，その中で発展をはかろうとする立場の政党のことを何というか。

1 保守政党

★2 現状の日本の政治，経済，社会体制を変革し，より平等な社会をつくろうという立場の政党のことを何というか。

2 革新政党

★★3 1955（昭和30）年から1993（平成5）年まで続いた日本の政治体制を何というか。自由民主党と日本社会党という，二つの対立する政党を中心にして運営された政治体制。

3 55年体制

★4 1955（昭和30）年以来続いてきた自民党政権にかわって，1993（平成5）年に登場した連立内閣を何というか。

4 細川護熙内閣

★5 議院内閣制において，単独で下院の過半数を占める政党がない場合，政策協定を結ぶなどして複数の政党が連合して政権を担当する。これを何というか。

5 連立政権（連合政権）

★6 複数の政党間で話し合いを行ない，政策課題について統一をはかることを何というか。連立政権を発足させるときには必要となる。

6 政策協定

★7 選挙によって，政権を担当する政党がかわることを何というか。

7 政権交代

★8 2009（平成21）年，自民党は衆議院選挙で敗れ，一時期の例外を除き，長期にわたって政権を担当してきた座を，単独で過半数を獲得した政党に明け渡した。このとき，政権交代を果たした政党はどこか。

8 民主党

★9 日本の政党は，欧米とは異なり一般に組織が弱いといわれる。そのほか，日本の政党の力が弱いといわれるのは，どのような力か。

9 政策形成力

★10 政党内に形成される，政策，資金，人事などをめぐる私的グループのことを何というか。

10 派閥

★11 政治家や政党は，選挙や日常の政治活動に必要な政治資金を，個人と，企業や労働組合などの団体からの寄付に依存している。この寄付された資金のことを何というか。

11 政治献金

★12	全国民のためになされるべき政治が、政治献金などのお金の力によって、特定集団のための政治になってしまうことがある。こうした政治を称して何というか。	12 金権政治
★★13	政治家や官僚などの公務員が、職権や職務上の地位を利用して、個人的利益をはかるなどの不正な行為を行なうことを何というか。	13 汚職（汚職事件）
★★14	1976(昭和51)年、元首相田中角栄が、ロッキード社の航空機売り込みに関して賄賂を受け取ったとして、逮捕された事件を何というか。自民党政治の構造的な汚職事件といわれた。	14 ロッキード事件
★15	1988(昭和63)年、リクルート社が首相を含む多数の政治家や高級官僚に未公開株を配布して、買収をはかった事件を何というか。1989(平成元)年、竹下登内閣は総辞職に追い込まれた。	15 リクルート事件
★16	1992(平成4)年、運送業の佐川急便が多額の政治資金を政治家にばらまいた事件を何というか。政治不信は頂点に達し、1993(平成5)年、自民党の長期一党支配が終わった。	16 佐川急便事件
★★17	政治家や政党が、選挙や日常の政治活動を行なうのに使用する資金を「政治資金」という。政治資金の収入と支出を明朗なものにする目的で制定された法律を何というか。	17 政治資金規正法
★★18	政党に対して、国が活動資金を補助することを定めた法律を何というか。これによって政治資金規正法が改正され、議員向け寄付が大幅に制限されることになった。1994(平成6)年に制定。	18 政党助成法
★★19	資金力や組織力を用いて、政党や政治家に圧力をかけ、自分たちの利益を守ろうとする集団を何というか。	19 圧力団体

2 選挙

★★1	民主的な選挙制度の基本原則は三つある。普通、平等、もう一つは何か。	1 秘密
★2	普通、平等、秘密選挙に加え、日本の選挙に関する原則はあと二つある。候補者名か政党名の一つだけ	2 直接選挙

を書く単記投票と，もう一つは何か。

★3 選挙は投票日に行なうのが原則であるが，投票日前であっても同じように投票を行なうことができる。これを何というか。

3 期日前投票

★4 国外に居住する人であっても，選挙権が行使できる。これを何というか。在外公館投票と郵便投票を選択して投票できる。

4 在外選挙制度

★5 日本において，満25歳以上のすべての男子に選挙権が認められたのは，1925(大正14)年のことである。それまでは，何によって選挙権が制限されていたか。

5 納税額

★★6 日本において，満20歳以上の男女に普通選挙権が認められたのは何年からか。

6 1945(昭和20)年から

★7 政党や立候補者が，選挙の際に数値目標を明示して公約を掲げ，財源や達成期限なども具体的に示すものを何というか。日本では，2003(平成15)年の衆議院選挙から本格化した。

7 マニフェスト

★★8 国会議員や地方公共団体の選挙に関する事項を定めた法律を何というか。選挙運動の期間や方法などにきびしい制限を加え，公正できれいな選挙の実現を目指すための法律。

8 公職選挙法

★9 公職選挙法は，候補者自身だけでなく選挙運動の総括主宰者や出納責任者などが選挙違反を犯した場合にも，候補者の当選を無効とすると定めている。これを何というか。

9 連座制

★10 有権者に金品を渡して投票を依頼したり，票の取りまとめを依頼したりすることを何というか。公職選挙法で禁止されている行為。

10 買収

★★11 各家庭を訪問しての選挙運動は，買収と結び付きやすいとして禁止されている。このことを何というか。なお，欧米では主要な選挙運動の手段となっている。

11 戸別訪問の禁止

★12 選挙運動を，インターネットを利用して行なうことを何というか。2013(平成25)年の公職選挙法改正で解禁となった。なお，選挙をインターネット上で行なうことは許されていない。

12 インターネット選挙運動(ネット選挙)

★★13 公職選挙法では，被選挙権についても定めている。満30歳以上に被選挙権を与える選挙は二つある。知

13 参議院議員選挙

事選挙と，もう一つは何か。

★★14 被選挙権が満25歳以上と定められている選挙は二つある。知事選挙を除く地方公共団体の選挙と，もう一つは何か。

14 衆議院議員選挙

★★15 地方公共団体において，選挙を公正に運営し，選挙事務の管理を行なう行政委員会を何というか。

15 選挙管理委員会

★★16 政党名を書いて投票し，各政党の得票数に比例して議席を配分する選挙制度を何というか。死票を少なくし，一票の価値を平等にする制度。

16 比例代表制

★★17 2001(平成13)年から採用された，参議院議員選挙の比例代表制を何というか。候補者か政党名で投票し，すべて政党の得票として合算して政党ごとの議席配分を決め，個人の得票順に当選が決まる制度。

17 非拘束名簿式比例代表制（ひこうそく）

★18 参議院の比例代表制の選挙を管理する機関を何というか。この機関は，最高裁判所裁判官の国民審査に関する事務も管理する。

18 中央選挙管理会

★19 比例代表制における議席数の配分方法は様々あるが，日本の参議院が採用している方法を何というか。

19 ドント式

★★20 1選挙区から一人の議員を選出する選挙方法を何というか。二大政党制を実現しやすいが，落選者に投じられる死票が多くなる欠点がある。

20 小選挙区制

★★21 1選挙区から二人以上の議員を選出する選挙方法を何というか。少数党に有利で，死票が少なくなるが，小党分立となりやすい。

21 大選挙区制

★22 1925(大正14)年から，一時期を除いて1994(平成6)年までの70年間，衆議院議員選挙で行なっていた選挙区制を何というか。

22 中選挙区制

★23 1994(平成6)年，公職選挙法が改正されて衆議院議員選挙制度が新しくなった。新しい選挙制度を何というか。

23 小選挙区比例代表並立制

★24 一人の候補者が小選挙区と比例区の両方に立候補することを何というか。小選挙区で落選しても比例区で当選することが可能となっている。

24 重複立候補制

★★25 衆議院の議員定数は，比例代表が180人である。小選挙区の定数はいくつか。

25 295人

★★26 参議院の議員定数は，比例代表が96人である。選挙

26 146人

区の定数はいくつか。

★27 消費税率の引き上げで国民に負担増を求めるからには，国会議員自らも身を削る必要がある，として歳費(報酬)削減とともに主張されていることは何か。　**27 議員定数の削減**

★28 選挙区の議員定数と有権者数との比率が，ほかの選挙区の比率と著しく均衡を欠いていることを何というか。　**28 議員定数不均衡(一票の価値の格差)**

★29 2012(平成24)年に実施された衆議院選挙について，第二次世界大戦後，初の判決が広島高等裁判所で出された。戦後初の判決とは，どのような内容か。なお，1票の格差が最大2.43倍だった同選挙について，最高裁は違憲状態(選挙は有効)とした。　**29 違憲無効**

★30 憲法違反の状態ではあるが，違反とまでは判断せずに選挙は有効とする判断のことを何判決というか。　**30 事情判決**

3 行政の民主化

行政権の優越

★★1 行政権の役割が増大し，行政権の優越がみられる国家を何というか。現代の資本主義国家は，福祉国家として積極的に国民生活に関与するため，こうした国家となる。　**1 行政国家**

★2 立法権が行政権や司法権に優越していた19世紀の国家のことを何国家というか。20世紀に入って行政国家となった。　**2 立法国家**

★★3 行政権を行使する内閣や官僚の権限が，国民を代表する機関である国会よりも優越することを何というか。議会政治を危うくする恐れがある。　**3 行政権の優越**

★4 行政権の優越が起こる一つの理由は，立法過程にある。議員立法に比べて，どのような立法が増大しているか。　**4 内閣提案の立法**

★★5 法律で定めるべき事項を，行政機関に委任して政令などの形で制定することを何というか。これも，行政権の優越を招きやすい。　**5 委任立法**

★★6 法律が規定していない細部について，行政機関が独自の判断で政治を行なうことを何というか。行政権　**6 行政裁量**

の優越を招きやすい。

★★ 7 行政機関が、必ずしも法律や政令に基づかないで行なう、私企業や団体などに対する指導や勧告を何というか。これも、行政権の優越を招きやすい。

7 行政指導

★ 8 行政省庁は、幅広く許可権や認可権などを有している。こうした規制権限に基づく行政を何というか。

8 許認可行政

★ 9 地方公共団体や民間団体などの活動を助成するために支出される補助金に関して、政府がその新設・増額・配分などの権限を用いて統制力をふるうことを何というか。

9 補助金行政

行政の民主化

★★ 1 行政機能の増大、行政権の優越、官僚政治などの弊害を是正し、国民のための行政とすることを何というか。

1 行政の民主化

★★ 2 政府の規制を緩めることを何というか。許可権や認可権などによる規制や介入を緩め、さらには規制の根拠となっている制度そのものを見直すこと。

2 規制緩和(ディレギュレーション)

★ 3 行政活動の透明性を高めるため、あらゆる分野での行政手続を定めた法を何というか。行政指導に強制力のないことが明記され、許認可などで拒否する場合には理由を示すことが義務付けられた。1993(平成5)年に制定。

3 行政手続法

★ 4 行政機構や許認可権、行政事務、事業などを見直して、合理化をすすめようとする改革を何というか。

4 行政改革

★★ 5 公的金融機関だった郵便局を民間の会社にしたことを何というか。2007(平成19)年以降、日本郵政という持株会社と、日本郵便、ゆうちょ銀行、かんぽ生命保険の4社とした。

5 郵政民営化

★ 6 民営化にはなじまない公共的な仕事(調査、研究、教育など)を、国の直営から離して、独立して行なわせる法人を何というか。国営企業であった造幣事業や印刷事業も、この法人となった。

6 独立行政法人

★ 7 行政改革で目指している政府を何というか。政府の仕事を小さくして財政支出を縮小するとともに、民間活力を導入しようとしている。

7 小さな政府

★★ **8** スウェーデンで生まれた行政監察官の制度を何というか。市民の訴えにより，行政調査を行ない是正していく制度。日本では，川崎市や札幌市などで導入されている。 — 8 **オンブズマン制度**

★ **9** 政府の説明責任を明らかにし，行政機関が保有する情報を原則公開することを義務付けた法律を何というか。これにより，だれでも行政文書の開示を請求できる。2001(平成13)年から施行。 — 9 **情報公開法**

★ **10** 情報をいつでも開示して説明する責任のことを，何というか。 — 10 **アカウンタビリティ（説明責任）**

★★ **11** 行政の民主化のために設けられている制度で，一般の行政機関から独立した合議制の委員会を何というか。準立法的機能(規則制定)と準司法的機能(審判)とを持っている。 — 11 **行政委員会**

★ **12** 国の行政委員会で，国家公務員の人事管理を行なっている専門機関を何というか。 — 12 **人事院**

★ **13** 国の行政委員会で，独占禁止法を運用するために設置された機関を何というか。 — 13 **公正取引委員会**

★ **14** 地方公共団体における行政委員会で，警察の民主的運営と政治的中立性を確保するための機関を何というか。 — 14 **公安委員会**

★ **15** 政策の立案，運営にあたり，国民各層の意見や専門家の知識を導入するために設けられる諮問機関を何というか。行政の民主化のための制度であるが，批判も多い。 — 15 **審議会**

官僚政治

★★ **1** 政策決定に大きな影響を及ぼす，中央省庁の上級の公務員のことを特に何というか。企画や立案に携わる公務員。 — 1 **官僚**

★ **2** 中央省庁の官僚が，立法や政策の立案，決定に大きな役割を果たしている政治を何というか。国会中心主義や議院内閣制を危うくする恐れがある。 — 2 **官僚政治**

★ **3** 上下の命令系統で動くピラミッド型の組織がつくられ，官僚が中心となって具体的な政策の執行がなされていく制度のことを何というか。 — 3 **官僚制（ビューロクラシー）**

★4 官僚制の弊害として，自分たちが保持する権限や利害にこだわり，外部からの干渉を排除しようとする傾向のことを何というか。 — 4 セクショナリズム

★5 上級の公務員などが，退職後に，それまでの職務と関係のある企業や団体に再就職することを何というか。これは公正な行政の運営を妨げる恐れがある。 — 5 天下り

★6 日本国憲法では，公務員を何と規定しているか。明治憲法では，公務員を「天皇の官吏」といった。 — 6 全体の奉仕者

4 世論と政治参加

★★1 雇われて働く労働者や零細な自営業者など，資産を持たない人々の集団のことを何というか。現代の社会において，大部分を占める人々の集団。 — 1 大衆

★2 普通選挙の実施により，すべての国民が政治に参加することを保障する現代民主主義を何というか。選ばれたエリートによるのではなく，一般の人々によって支えられる民主主義。 — 2 大衆民主主義（マス＝デモクラシー）

★3 社会の大部分をなす一般大衆による民主主義を何というか。大衆の生活の中にしっかりと根をおろした民主主義のこと。 — 3 草の根民主主義

★4 一般大衆が数の力を頼りにして展開する，社会的な運動のことを何というか。この運動は，マスコミと結び付くことが多い。 — 4 大衆運動

★5 公害問題など，特定地域の具体的な問題解決を求めての運動を何というか。 — 5 住民運動

★★6 平和，環境保護，人権擁護など，普遍的利益を求めて行動するところに特色がある大衆運動を何というか。現代の民主主義を支えている運動。 — 6 市民運動

★7 営利を目的としないで，市民活動を行なう団体を何というか。1998（平成10）年，この団体の活動を促進し，法人格を与える「特定非営利活動促進法」も制定された。 — 7 NPO（民間非営利団体）

★★8 国民の，公に表現された意見を何というか。一般大衆の多数意見のこと。 — 8 世論

★9 情報技術や情報産業の発達によって，大量の情報がつくられ，これらの情報を軸として運営される社会 — 9 情報化社会

★10 社会へ多くの情報を提供し，世論の形成に重要な役割を果たしているものを何というか。大衆の主体的な政治参加に大きな影響力を持つもの。具体的には，テレビや新聞など。

10 マス＝メディア

★11 マス＝メディアを利用するなどして，特定の方向へ世論を誘導することを何というか。

11 世論操作

★12 大量の情報を収集，管理している政府や企業に対して，情報を可能な限り公開するよう求めることを何というか。世論操作を防ぐために，是非とも必要である。

12 情報の公開

★13 世論調査などで，支持政党なしと答える有権者のことを何というか。

13 無党派層

★14 一般大衆が，主権者として政治に参加することに消極的で，私生活やレジャーに逃避してしまうことを何というか。

14 政治的無関心（政治的アパシー）

★15 政治的無関心を生んでいる原因の一つに，政治が巨大化し，複雑化していることがあげられる。そのほか，選挙権との関係であげられている原因とは何か。

15 一票の価値の低下

第I部 現代の政治

第5章 国家と国際関係

1 国際関係の基本的要因

1 国際社会の基本構成単位で,ほかの国家などから干渉や政治的支配を受けない独立した国家のことを何というか。 — **1 主権国家**

2 相互に独立,平等な主権国家によって構成される社会を何というか。 — **2 国際社会**

3 今日の世界は,国家と国家の結び付きが強くなってきている。互いに他国を必要としている,このような関係のことを何というか。 — **3 相互依存関係**

4 国際社会という概念が成立したのは,17世紀,三十年戦争の講和会議以降のことである。この会議を何というか。 — **4 ウェストファリア会議**

5 ウェストファリア会議によって,ヨーロッパに独立の主権を持った近代国家が確立された。このとき,明白に否定されたのはだれの権威か。 — **5 ローマ教皇**

6 国際社会において,対立の根底にあるのは何か。政治や経済が,基本的には国家を単位として行なわれていることが,そもそもの原因である。 — **6 国家利益(国益)**

7 自分の属する国家や民族を,最も大事なものとする考え方を何というか。国民主義から国家主義,民族主義と,時代によって,様々なあらわれ方をしてきた。 — **7 ナショナリズム**

8 一国の政治,経済,社会体制に関して,外国が干渉することを何というか。 — **8 内政干渉**

9 政府を主体とした国家間の関係を基本に,国際的な協力関係を築いていこうとする考え方を何というか。 — **9 インターナショナリズム(国際協調主義)**

10 民間レベルでの,国際協力組織のことを何というか。人権や軍縮,開発などの分野で,国連の活動と協調しながら活動する民間組織。 — **10 NGO(非政府組織)**

11 国際紛争地帯や自然災害の被災地などで,国際的な医療のボランティア活動をしているNGOを何というか。1999年,ノーベル平和賞を受賞した。 — **11 国境なき医師団(MSF)**

2 国際法

★★1 国際社会の秩序を維持するために，国家の権利，義務，行動基準などを定めた法を何というか。条約と国際慣習法とからなる。 — 1 **国際法**

★★2 国家間の合意を明文化したものを何というか。これには，憲章，規約，宣言などといった名称のものもある。 — 2 **条約**

★3 国連や国際労働機関(ILO)などでは，加盟国の3分の2以上の多数決で条約が採択されることがある。この場合，条約の発効には，何が必要か。 — 3 **加盟国の批准**

★4 日本において，条約を結ぶ権限を持っているのはどこか。 — 4 **内閣**

★5 日本において，内閣が締結した条約が効力を持つためには，事前または事後にどのようなことが必要か。 — 5 **国会の承認**

★6 日本において，国会の承認なしに内閣だけで外国と結ぶ協定を何というか。 — 6 **行政協定**

★7 日米安保条約に関連して結ばれた行政協定を何というか。 — 7 **日米地位協定**

★★8 国際社会において，歴史的に認められてきた慣習が拘束力を持つようになった不文法を何というか。国際法の大部分はこれであったが，主要なものは条約化されている。 — 8 **国際慣習法**

★★9 近代国際法を唱えた人々は，どのような思想を持つ学者であったか。 — 9 **自然法思想**

★★10 国際社会にも人間の理性に基づく自然法が存在すると主張した，17世紀のオランダの法学者はだれか。「国際法の父」と呼ばれる人。 — 10 **グロティウス**

★11 三十年戦争の悲惨な状況をみて，戦争であっても守られなければならない法が存在することを主張した，グロティウスの著書を何というか。 — 11 **『戦争と平和の法』**

12 外洋は，公海としていずれの国にも属さず，すべての国の自由な使用に解放される，という原則を何というか。グロティウスが『海洋自由論』で主張した原則。 — 12 **公海自由の原則**

★13 国際法は，その適用，執行の点で実効性に欠け，不 — 13 **強制する機関が存在**

第5章　国家と国際関係

完全であるといわれる。なぜ実効性に欠けるのか。
- ★★ **14** 国際政治では，強制力を持つ中央機関が存在しないため，結局は力関係によって政治が動かされるという考え方がある。こうした考え方を何というか。
- ★ **15** 国際人道法に反する個人の重大な犯罪を裁くための裁判所を何というか。2003年，オランダのハーグに開設された。

14 パワー＝ポリティックス（権力政治）

15 国際刑事裁判所

3 国際連合

国際連盟

- ★★ **1** ウィーン会議後，戦争防止の方策として考えられてきた政策を何というか。敵対関係にある国の軍事力が釣り合いを保っていれば，平和が維持されるとする考え。
- ★★ **2** 敵対する国も含めて一つの集団をつくり，侵略国に対しては全加盟国が共同して制裁を加え，安全を確保しようとする方式を何というか。第一次世界大戦後に出てきた方式。
- ★★ **3** 1920年に42カ国が参加して発足した，集団安全保障方式を採用する最初の国際組織を何というか。
- ★ **4** 第一次世界大戦後の国際体制を何というか。民族自決と国際協調を原則とした体制。この体制を維持する中心機関が，国際連盟であった。
- ★ **5** 国際連盟の設立を呼びかけた，アメリカ大統領はだれか。
- ★ **6** 国際連盟は，アメリカ大統領ウィルソンが提案した戦後処理構想に基づいている。彼の提案を何というか。
- ★ **7** 国際連盟の実現には，18世紀の国際平和機構の構想が貢献している。国際的な組織の確立こそが，永久平和の道であると説いたドイツの哲学者はだれか。
- ★ **8** カントが1795年に著した，永久平和の道を説いた著書を何というか。
- ★ **9** 国際連盟の目的は三つある。集団安全保障，国際裁判の確立，もう一つは何か。

1 勢力均衡政策（バランス＝オブ＝パワー）

2 集団安全保障方式

3 国際連盟

4 ヴェルサイユ体制

5 ウィルソン

6 平和原則14カ条

7 カント

8 『永遠平和のために』

9 軍備縮小（軍縮）

★★10	国際連盟の主要機関は三つある。総会，事務局，もう一つは何か。	10 理事会
11	国際連盟理事会の理事国のうち，任期が設定されていない常任理事国は当初4カ国であった。イギリス，フランス，イタリア，もう1カ国はどこか。	11 日本
★★12	国際連盟規約で，初めて出てきた戦争観とは何か。	12 戦争の違法化
★13	戦争の違法化は，国際連盟規約で初めて規定された。戦争の違法化について，国際連盟規約よりもさらに前進させた1928年の条約を何というか。	13 不戦条約（ブリアン・ケロッグ条約）
★14	国際連盟の自治的機関として設立された，労働問題の調整機関を何というか。	14 国際労働機関（ILO）
★15	国際連盟の自治的機関として，オランダのハーグに設置された国際裁判所を何というか。ここの判決には，拘束力がなかった。	15 常設国際司法裁判所
16	1925年，ヴェルサイユ体制の確認がなされた条約を何というか。平和の相互保障が約束され，紛争を仲裁裁判で解決することが定められた。	16 ロカルノ条約
★17	違法な侵略国に対する国際連盟の制裁措置は，どのようなものであったか。	17 経済制裁
★18	国際連盟の表決方法は，各国主権を平等に認めるため，加盟国全部の一致によってなされた。これを何というか。	18 全会一致制
★19	国際連盟の欠陥としては，軍事的制裁措置がなかったこと，全会一致制をとったことがあげられる。そのほか，どのようなことがあるか。	19 アメリカなど大国の不参加
★20	1931（昭和6）年から，日本の関東軍は中国東北地方（満州）で満州事変などの一連の軍事行動を起こした。国際連盟はこの軍事行動を非難したため，常任理事国である日本はある行動をとった。それは何か。	20 国際連盟からの脱退

国際連合の成立と組織

★★1	第二次世界大戦後の1945年10月，51カ国の加盟で発足した国際平和機構を何というか。	1 国際連合（国連）
★2	国際連合は，第二次世界大戦における4カ国の協力関係を土台に，その実力によって平和維持をはかろうとしたものである。アメリカ，イギリス，ソ連，	2 中国

第5章 国家と国際関係

もう1カ国はどこか。

★3 国連成立の基本構想は、1941年、チャーチル（英）とローズヴェルト（米）によって出された。彼らが発表した文書を何というか。

3 大西洋憲章

★4 1944年、アメリカのワシントン郊外にアメリカ、イギリス、ソ連、中国の4カ国が集まり、国連憲章の原案を作成した会議を何というか。

4 ダンバートン＝オークス会議

★5 1945年2月、ローズヴェルト（米）、チャーチル（英）、スターリン（ソ連）が行なった会談を何というか。安全保障理事会における常任理事国の拒否権やソ連の対日参戦などを決定した会談。

5 ヤルタ会談

★★6 国連憲章が採択されたのは、第二次世界大戦末期の1945年6月である。このときの会議を何というか。

6 サンフランシスコ会議

★★★7 国連は六つの主要機関からなる。全加盟国で構成され、各国1票の投票権を持つ会議を何というか。国連の形式的最高機関であり、多数決主義をとる。

7 総会

★8 国連総会での決定方法は単純多数決制であるが、重要問題に関してはどのような方法がとられるか。

8 総会出席の上、投票国の3分の2以上の多数決

★9 国連総会が採択する決議は、加盟国に対して強制力を持っていない。こうした決議を何というか。

9 勧告

★★10 国連の実質的最高機関を何というか。国際平和と安全維持のために主要な責任を負う理事会。ここの決定は、各加盟国に対して拘束力を持つ。

10 安全保障理事会（安保理）

★★11 安全保障理事会の常任理事国は5カ国である。この5カ国とは、アメリカ、イギリス、ロシア、中国、もう1カ国はどこか。

11 フランス

★12 安全保障理事会の構成国は国連憲章で規定されている。五つの常任理事国は、どのように規定されているか。

12 任期や改選なし

★13 安全保障理事会は、常任理事国の5カ国と任期2年の10カ国で構成される。この10カ国のことを何というか。

13 非常任理事国

★★14 安全保障理事会において、実質的な事項を決定する際には、すべての常任理事国を含む9理事国の賛成が必要である。この原則を何というか。

14 大国一致の原則

★15 安全保障理事会の実質事項に関する議案は，一つの常任理事国でも反対すれば否決される。この常任理事国が持っている権限を何というか。

15 拒否権

★16 経済的，社会的，文化的な国際問題の処理にあたる，国連の理事会を何というか。

16 経済社会理事会

★17 独立国家として機能し得ない地域を統治する国連の理事会を何というか。該当する地域が独立を果たし，この理事会の役割は事実上終了した。

17 信託統治理事会

★18 国際紛争を平和的に解決するために設置されている，国連の司法機関を何というか。ここでの判決には，拘束力がある。ただし，強制的に裁判を行なうことはできない。

18 国際司法裁判所

★19 国際司法裁判は，国内の裁判のように裁判所が強制的に裁判を行なうことができない。国際司法裁判には何が必要か。

19 当事国の同意

★20 国際司法裁判所の判決が不履行だった場合には，どのような方策がとられるか。

20 安全保障理事会に勧告する

★21 1991年，第二次世界大戦後に分断され，東西陣営の対立の舞台となってきた二つの国家が，国連に加盟した。大韓民国（韓国）と，もう一つの国家はどこか。

21 朝鮮民主主義人民共和国（北朝鮮）

★22 2011年，住民投票によって分離独立が実現し，国連193番目の国家となった国はどこか。アフリカ54番目の国家。

22 南スーダン共和国

★23 国連事務総長は，慣例として世界の各地域から順に大陸ごとに選出されるが，ある国々からは選出しないことが慣例化している。ある国々とは，どのような国か。

23 安保理の常任理事国

★24 2007年から第8代国連事務総長をつとめている潘基文は，どこの国の人か。事務総長の任期は慣例として1期5年，現在2期目である。

24 韓国

平和維持活動

★1 平和維持に関して，国際連合で特に徹底された原則が二つある。一つは戦争の禁止，もう一つは何か。

1 制裁の組織化

★2 国連は，いっさいの武力の行使を禁止しているが，例外的に二つだけ，武力行使を認めている。自衛権

2 強制措置をとる場合

に基づく場合と，もう一つは何か。

★3 安全保障理事会が，拒否権のために活動できない場合，緊急に招集される国連総会を何というか。安保理にかわって，総会出席の上，投票国の3分の2以上の多数決で侵略防止の勧告ができる。

3 緊急特別総会

★★4 緊急特別総会が招集され得ることを規定し，また総会が侵略防止の勧告をなし得ることを規定した国連決議を何というか。1950年，朝鮮戦争を契機にして採択された。

4 平和のための結集決議（平和のための統合決議）

★5 国連は武力衝突や侵略行為があった場合，武力制裁を含む軍事的措置をとることを規定している。軍事的措置のために，出動されるものを何というか。

5 国連軍

★★6 これまで，正規の国連軍が派遣されたことは一度もない。国連軍と称して現実に派遣されているものは，どのような活動をしているか。

6 平和維持活動(PKO)

★7 国連の平和維持活動に従事する部隊で，軽火器を保有し，停戦や兵力引き離し，武装解除などの監視や監督を任務とするものを何というか。

7 平和維持軍(PKF)

★8 国連の平和維持活動に従事する部隊で，通常は非武装で，停戦違反を調査する活動を任務とするものを何というか。

8 停戦監視団

★★9 国連軍と称して派遣され，直接軍事行動をとった最初のものは何戦争のときか。

9 朝鮮戦争

★10 1990年，国連安全保障理事会は加盟国の違法行為に制裁を加えるため，初めて最低限の武力行使を認める決議をし実施した。このときの紛争を何というか。

10 湾岸戦争

★11 湾岸戦争のときに結成された戦闘部隊を何といったか。

11 多国籍軍

★★12 国連憲章は，地域的な集団安全保障体制をつくることを認めている。現在，ヨーロッパにある集団安全保障体制を何というか。

12 NATO（北大西洋条約機構）

4 国際政治の動き

冷戦から平和共存へ

★★1 米ソをリーダーとする二つの国家群間の，全面戦争

1 冷戦（冷たい戦争）

を回避する形をとった慢性的な紛争状態を何というか。第二次世界大戦後から1989年まで続いた。

★2 第二次世界大戦後の，アメリカを中心とする資本主義陣営とソ連を中心とする社会主義陣営との対立を何というか。

2 東西対立

★3 第二次世界大戦後，東西両陣営の間にはきびしい封鎖線がある，ということを例えた言葉を何というか。1946年，チャーチルが演説で用いた。

3 鉄のカーテン

★★4 1947年，アメリカ大統領トルーマンが発表した，共産主義勢力を封じ込める政策のことを何というか。

4 トルーマン＝ドクトリン

★★5 1947年，封じ込め政策の一環として，アメリカ国務長官マーシャルが提案した，ヨーロッパ経済復興援助計画を何というか。経済復興によって，共産主義の進出を防ごうとした。

5 マーシャル＝プラン

6 封じ込め政策に対応して，ソ連が1947年に組織した，東ヨーロッパ諸国及びフランス，イタリアの共産党による情報局を何というか。

6 コミンフォルム

★★7 1949年，アメリカ，カナダと西ヨーロッパ諸国との間で結成された軍事同盟を何というか。冷戦後，大きく変化し，危機管理型の安保機構へと姿をかえつつある。1999年以降，旧東側の12カ国が加盟している。

7 NATO（北大西洋条約機構）

★8 2014年現在，NATOは旧東側の国々の加盟が増えて28カ国となっている。こうした拡大を称して何というか。

8 NATOの東方拡大

★★9 1955年，NATOに対抗して，ソ連と東欧諸国との間で結成した社会主義陣営の軍事機構を何というか。不戦宣言を受けて，1991年に消滅した。

9 ワルシャワ条約機構

★10 1960年代に入って，国際政治の中心は米ソの二極から多数の軸へとかわった。これを何というか。

10 多極化

11 1955年，アメリカ，イギリス，ソ連，フランスの四巨頭によって開かれた会談を何というか。第二次世界大戦後10年にして，ようやく東西両陣営の間に歩み寄りがみられ，会談が開かれた。

11 ジュネーヴ四巨頭会談

★★12 資本主義国家群と社会主義国家群とが，相互に体制の違いを認め合って，平和的に対外関係をすすめて

12 平和共存

いこうとする，1950年代後半からの動きを何というか。東西対立の解消ではなく，対立関係の安定化を目的としていた。

★**13** 1962年，キューバにおけるソ連のミサイル基地建設をめぐって起こった，米ソの鋭い対立を何というか。

13 キューバ危機

★★**14** キューバ危機以降，米ソの対立関係が緩み国際緊張が解け出した。これを何というか。

14 デタント（緊張緩和）

★**15** 1971年，国連において北京政府が台湾政府（中華民国）にかわることが認められた。これを何というか。

15 中国代表権承認

★**16** 1972年，アメリカは中国政策を変更して，中華人民共和国との首脳外交に踏み切り，米中和解の道を開いた。このときのアメリカ大統領の中国訪問を何というか。

16 ニクソン訪中

★**17** ベトナムの独立と主権を認め，アメリカ軍のベトナムからの完全撤退を取り決めた1973年の協定を何というか。1975年，ベトナム戦争は終わった。

17 ベトナム和平協定

★**18** 1979年，パーレビ国王の独裁的な近代化政策に反対する革命が起こり，宗教指導者ホメイニをリーダーとする国家が誕生した。これを何というか。

18 イラン革命

★**19** 1979年，ソ連は中東のある国がソ連離れすることを恐れて軍事介入した。これを何というか。軍事介入に対し，激しいゲリラの抵抗が起こり，1989年にソ連は撤退した。

19 アフガニスタン侵攻

★**20** 1980年から1988年までの中東における戦争を何というか。同地域が国際社会への石油供給地域であるため，国際社会を巻き込んだ紛争となった。

20 イラン・イラク戦争

★**21** 1990年，イラク軍はクウェートを侵攻，制圧し，国家統合を宣言した。これに対し，国連は多国籍軍の武力行使を認め，イラク軍を撤退させた。この紛争を何というか。

21 湾岸戦争

★**22** 湾岸戦争の際，アメリカやNATOを中心とするイラク攻撃のための軍を何というか。

22 多国籍軍

冷戦後の世界

★★**1** 1989年，それまで東西両ドイツを隔てていた障壁に事実上穴があき，東西両ドイツ人の交流が行なわれ

1 ベルリンの壁

るようになった。隔てていた障壁のことを何というか。

★★ 2 1989年，東ヨーロッパの社会主義各国では共産党政権が倒れ，政治の民主化が起こった。これを称して何というか。

2 東欧の民主化

★ 3 1989年の体制改革後，旧東ヨーロッパ諸国では国家を揺がす大問題が発生し，旧ユーゴスラビアでは激しい内戦が起こった。それは何の問題か。

3 民族問題

★★ 4 1989年12月，ブッシュ(米)とゴルバチョフ(ソ)との間で行なわれた首脳会談を何というか。この会談で，米ソは第二次世界大戦後から続いてきた東西対立に終止符を打ち，平和共存路線を確認した。

4 マルタ会談

★★ 5 1990年，第二次世界大戦後二つに分断された民族が，45年ぶりに平和的に統一を達成した。これを何というか。

5 東西ドイツ統一

★ 6 1975年，ヘルシンキでの全ヨーロッパ首脳会議によって結成された会議を何というか。1990年の会議では，ヨーロッパの東西分断と対立に終止符を打つパリ憲章が締結された。

6 全欧安全保障協力会議(CSCE)

★ 7 1990年，北大西洋条約機構(NATO)とワルシャワ条約機構加盟国は，相互不可侵を誓う宣言を出し，敵対関係にないことを確認した。この宣言を何というか。

7 不戦宣言

★ 8 1990年，北大西洋条約機構(NATO)とワルシャワ条約機構加盟国は，大西洋からウラル山脈までの地域を対象とする，画期的な軍縮条約を締結した。この条約を何というか。

8 CFE条約(欧州通常戦力条約)

★ 9 1995年，CSCEから発展し，冷戦後のヨーロッパの新しい安全保障秩序の中核的存在として常設機構化されたものを何というか。全ヨーロッパをカバーする唯一の国際機構。

9 欧州安全保障協力機構(OSCE)

★ 10 1992年，朝鮮戦争で戦った二つの国が国交を樹立した。二つの国とはどことどこか。冷戦体制が唯一残っているアジア情勢は，一歩前進した。

10 中国と韓国(中韓国交樹立)

中東の動き

★★ 1 イスラエルと周辺のアラブ諸国との間の、4回にわたる戦争を何というか。パレスチナの地にイスラエルが建国された1948年から起こった。
  1 **中東戦争**

★ 2 1964年、パレスチナの地をイスラエルから解放することを目的に結成された、パレスチナ人の組織を何というか。アラファトは、長い期間この組織の議長であった。
  2 **PLO(パレスチナ解放機構)**

★ 3 1993年、イスラエルとPLOとの間で協定が調印され、過去40年以上にわたって続けられてきた戦いに一応の終止符が打たれた。この協定を何というか。
  3 **パレスチナ暫定自治協定**

4 1994年、第3次中東戦争(1967年)以来、イスラエルの占領下にあったパレスチナ人たちが自治を回復した。一つはエリコ、もう一つはどこの地区か。
  4 **ガザ地区**

★ 5 主に中東地域に居住し、アラビア語を母語とし、多くはイスラーム教徒である民族を何というか。
  5 **アラブ民族**

★ 6 中東地域の非アラブ国は四つある。イスラエル、アフガニスタン、トルコ、もう一つはどこの国か。
  6 **イラン**

★★ 7 2001年9月11日、アメリカで起こったテロを何というか。ウーサマ=ビン=ラーディンをリーダーとするテロ組織アル=カーイダが乗っ取った飛行機を世界貿易センタービルに突っ込ませるなどした。
  7 **同時多発テロ**

★★ 8 ある政治目的を実現するために、暗殺や暴行などの手段を用いて、恐怖状態をつくり出すことを何というか。
  8 **テロリズム(テロ)**

★★ 9 2003年、アメリカはテロとの戦いを宣言し、フセイン政権を倒した。この戦争を何というか。2001年に起きた同時多発テロがきっかけとなる。
  9 **イラク戦争**

★10 特定の地域において、民族・宗教・言語などの違いが、政治上の差別や経済上の格差を生じさせているとして起こる争いを何というか。
  10 **地域紛争**

★11 2014年、ウクライナ南部の自治共和国がウクライナからの独立を宣言し、ロシアがこの自治共和国を自国へ編入するという事態が発生した。この共和国名を何というか。なお、アメリカ、EUなどはロシア
  11 **クリミア**

への編入を認めていない。

12 2014年現在，イラクとシリアで凶悪なテロ活動を行なっている集団を何というか。この過激派集団は，国家の樹立を宣言しているが，国際社会で承認されているわけではない。そのため，カギカッコ付きで集団名をあらわす。国連は，この集団の行為は戦争犯罪や人道に対する罪に当たるとしている。

12 「イスラム国」

民族問題

★ **1** 生活様式などに共通性があり，同一の集団に属しているという意識と感情を持ち，共通の祖先から生まれたと信じる集団を何というか。

1 民族

★★ **2** 複数の民族が集まって一つの国家を形成している国で，多数派民族によってつくられた秩序が少数派民族の権利や利益を脅している，として起こる紛争を何というか。

2 民族紛争

★ **3** 冷戦後の1990年から1995年まで，民族紛争が続いた東ヨーロッパの国はどこか。かつては，六つの共和国，五つの民族で構成される，社会主義連邦国家であった。

3 ユーゴスラビア

★ **4** 民族が混住している地域において，異民族の追放や強制移住などによって，住民の民族構成の純化をはかろうとすることを何というか。

4 民族浄化

5 1997年以来，新ユーゴのセルビア共和国で，アルバニア系住民に対する組織的な民族浄化が行なわれてきた地域はどこか。1999年，NATOは空爆を行ない，民族浄化を止めさせた。

5 コソボ

★ **6** 1994年から紛争が続いている，ロシアの民族問題を何というか。弾圧を受けている彼らの言語はロシア語と異なり，宗教もイスラーム教がほとんどである。

6 チェチェン問題（チェチェン紛争）

★★ **7** 民族紛争や地域紛争の激化によって，住み慣れた土地を離れ，他国に流れて悲惨な暮らしをしている人々を何というか。

7 難民

★ **8** 自分たちの国家を持たず，多くはトルコ，イラン，イラクなどに居住している民族を何というか。湾岸戦争の際，イラク北部から多数の難民が出て世界の

8 クルド民族

★ 9 中国の最西部に位置する自治区に住む、漢民族以外の少数民族の人々を何族というか。近年、この地域への漢民族の移住が増えたことで対立が激化し、自爆テロや殺傷事件が起こっている。

9 ウイグル族

★ 10 自国で迫害を受ける恐れがあるために国外に逃れた人々や、戦争や飢餓から逃れようとして国境を越える避難民を救援するために活動している国連の機関を何というか。

10 国連難民高等弁務官事務所(UNHCR)

★ 11 特定の民族や人種などを迫害したり、殺害したりすることを防止し、違反に対しては個人の処罰が行なわれることを定めている条約を何というか。ナチスによるユダヤ人迫害に対する反省からつくられた。日本は未批准。

11 ジェノサイド条約

発展途上国の動き

★★ 1 1954年、中国の周恩来とインドのネルーによって打ち立てられた平和的共存の原則を何というか。アジア、アフリカの諸国に大きな影響を与えたもの。

1 平和五原則

★★ 2 1955年、発展途上国が集まって、植民地独立や世界平和の推進などを話し合った会議を何というか。「バンドン会議」ともいう。

2 A・A会議(アジア・アフリカ会議)

★ 3 A・A会議で発表された原則を何というか。平和五原則をもとにしてつくられたこの原則は、その後、非同盟主義の基礎となった。

3 平和十原則

★★ 4 社会体制を超えての平和共存、民族独立運動への支持、いかなる軍事同盟にも属さない、という立場のことを何というか。インドのネルーが、最初の提唱者である。

4 非同盟主義(非同盟中立)

★ 5 米ソを中心とする東西いずれの陣営にも属さないで、積極中立を主張する発展途上国グループを何といったか。

5 第三世界(第三勢力)

★ 6 インドのネルー、エジプトのナセル、ユーゴスラビアのチトーらによって発足した、非同盟主義をとる国々の会議を何というか。1961年、ユーゴのベオグラードで第1回会議が開かれた。

6 非同盟諸国首脳会議

軍縮の動き

★ **1** ラッセルとアインシュタインの提唱によって開かれた，世界の物理学者による，核兵器絶滅への会議を何というか。

1 パグウォッシュ会議

★★ **2** 1963年，アメリカ，イギリス，ソ連の3カ国によって締結された核実験禁止条約を何というか。これによって，ひとまず大気圏と水中での核実験が禁止になった。

2 部分的核実験禁止条約(PTBT)

3 中南米では核を使用させない，ということを約束し合った，中南米諸国の条約を何というか。1967年に制定された。

3 トラテロルコ条約

4 1995年，現在のASEAN10カ国の間で結んだ，核兵器の製造や配備，実験の禁止などを約束した条約を何というか。

4 東南アジア非核地帯条約(バンコク条約)

★★ **5** 1957年に設立された原子力平和利用のための国際機関を何というか。核物質の軍事利用を防ぐため，非核保有国に対しては核査察を実施している。

5 国際原子力機関(IAEA)

★★ **6** 1968年，核兵器保有国の増加を防ぐためにつくった条約を何というか。この条約に加盟する非核保有国は，国際原子力機関の核査察を受ける義務を負っている。1995年，条約の無期限延長が決まった。

6 核拡散防止条約(NPT)

★ **7** 偶発的な戦争や，紛争を抑止するため，軍備の開発，配備，運用などに規制を加えることを何というか。核拡散防止条約などはその例。

7 軍備管理

★ **8** 核拡散防止条約は，アメリカ，ロシア，イギリス，フランス，中国の5カ国を核保有国としているが，そのほかに自ら核保有を宣言している国が三つある。インド，パキスタン，もう1カ国はどこか。

8 朝鮮民主主義人民共和国(北朝鮮)

★★ **9** 核の保有国，非保有国を問わず，爆発を伴うあらゆる核実験を禁止する条約を何というか。1996年，国連総会で採択された。2014年現在，発効していない。

9 包括的核実験禁止条約(CTBT)

★ **10** CTBTの発効には，研究用や発電用の原子炉がある44カ国の批准が必要であるが，署名すらしていない国が三つある。パキスタン，北朝鮮，もう1カ国はどこか。核保有国ではイギリス，フランス，ロシ

10 インド

アは批准したが、アメリカと中国は批准していない。

★★11 1972年、戦略核ミサイルの数を制限する条約が米ソ間で結ばれた。これを何というか。1979年、第2次条約も結ばれた。

11 **戦略兵器制限条約（SALT〈ソルト〉）**

★★12 1991年、米ソ（のちにロシアが継承）間で結ばれた、戦略核ミサイルの数を削減する条約を何というか。2010年、米ロ間で新をつけた同名の条約が結ばれ、削減数が拡大された。

12 **戦略兵器削減条約（START〈スタート〉）**

★★13 米ソ間で1987年に成立した、地上に配備された中距離核ミサイル廃止条約を何というか。核軍縮での条約では、史上初の出来事。

13 **INF全廃条約（中距離核戦力全廃条約）**

★14 ICBM（大陸間弾道ミサイル）のような、長距離核ミサイルのことを何というか。

14 **戦略核**

★15 核による威嚇ないしは恐怖によって、核戦争を防ごうという考え方を何というか。実際には、この考え方で米ソの核軍拡競争が続いた。

15 **核抑止力**

★★16 1978年、非同盟諸国とNGOの主導で開かれた国連の軍縮会議を何というか。1982年、1988年にも開催された。

16 **国連軍縮特別総会**

17 生物・毒素兵器を包括的に禁止する条約を何というか。1971年、国連軍縮委員会において作成され、国連総会決議の採択を経て、1975年に発効した。

17 **生物兵器禁止条約（BWC）**

★18 1993年、130カ国が調印してつくった化学兵器の禁止を定めた条約を何というか。国連軍縮委員会での、20年以上にわたる交渉が結実したもの。

18 **化学兵器禁止条約（CWC）**

★19 人に対する地雷の使用や生産などを禁止し、その廃棄を定めた条約を何というか。1999年に発効。この条約締結にはNGOが貢献した。

19 **対人地雷全面禁止条約**

★20 容器となる大型の筒の中に、たくさんの爆弾を詰め込んだ爆弾を禁止し、その廃棄を定めた条約を何というか。無差別に、多くの人を殺し、また不発弾による危険性もきわめて高い。2010年に発効した。

20 **クラスター爆弾禁止条約**

5 国際政治と日本

戦後の日本外交

★★1　1939年から1945年までの世界戦争を何というか。日本は軍事力を用いてアジア諸国を侵略し，1941(昭和16)年の真珠湾攻撃以降は，アジア太平洋地域でアメリカ，イギリスなどとも戦った。

1　**第二次世界大戦**

★★2　1951(昭和26)年，日本が連合国側48カ国と結んだ平和条約を何というか。この条約で，日本は国際社会への復帰が認められたが，ソ連などは調印しなかった。

2　**サンフランシスコ平和条約**

★★3　サンフランシスコ平和条約で，日本全土が完全に独立を達成したわけではない。その後，1971(昭和46)年まで，アメリカの施政権下に置かれた県はどこか。

3　**沖縄県**

★★4　平和条約と同時にアメリカと結んだ，日本の安全保障をアメリカに依存する条約を何というか。この条約によって日本は西側陣営の一員となった。

4　**日米安全保障条約（安保条約）**

★5　1956(昭和31)年，ソ連との戦争状態を終了させ，国交回復を規定した条約を何というか。この条約を受けて，同年，日本の国連加盟が認められた。

5　**日ソ共同宣言**

★★6　日ソ間の平和友好条約は，ロシアにかわった今日でも，いまだに結ばれていない。障害となっている未解決の問題とは何か。

6　**北方領土問題**

★7　1965(昭和40)年に締結した，日本と韓国との国交正常化に関する条約を何というか。この条約で，日本は韓国を朝鮮半島における唯一の合法政府と認めている。

7　**日韓基本条約**

★8　1972(昭和47)年，日本と中国との国交正常化を宣言したものを何というか。アメリカに同調して，戦後一貫して中華民国（台湾政府）を支持してきたが，田中角栄内閣は中華人民共和国（北京政府）を承認した。

8　**日中共同声明**

★9　1978(昭和53)年，日本と中国との恒久的な平和友好関係を発展させることを約束した条約が結ばれた。これを何というか。

9　**日中平和友好条約**

★★10　第二次世界大戦中，日本が占領した地域で，軍隊の

10　**従軍慰安婦問題**

慰安のために設けられた施設に，朝鮮などの占領地域の女性を働かせたとすることに対しての個人的な保障問題を何というか。

★11 第二次世界大戦中，不足する日本国内の労働力を確保するために，当時の法令に基づき強制的に日本の支配下の中国・台湾や朝鮮半島の人々を日本に連れてきて，工場や鉱山などで苛酷な労働をさせたことを称して何というか。

11 **強制連行**

★12 第二次世界大戦中，日本の戦争行為によって被害を受けた個人に対する補償問題を何というか。強制連行や強制労働などに対するもの。

12 **戦後補償**

★13 日本外交の三原則は，アジアの一員としての立場の堅持，自由主義国との協調と，もう一つは何か。

13 **国連中心主義**

日本の安全保障

★★1 日本の国連平和維持活動への参加を規定した法律を何というか。1992（平成4）年に成立し，同年に自衛隊のカンボジア派遣がなされた。

1 **国連平和維持活動協力法（PKO協力法）**

★2 1992年，国連安保理の決議でカンボジアに設置されたPKOの機関を何というか。日本もカンボジアに自衛隊を派遣し，自衛隊の海外派遣に道を開いた。

2 **UNTAC（国連カンボジア暫定機構）**

★★3 日米防衛協力のための指針を何というか。日本が攻撃された際の，自衛隊とアメリカ軍との役割分担を定めたもの。1978（昭和53）年につくられ，1997（平成9）年改訂。2014（平成26）年現在，再改訂が検討されている。

3 **ガイドライン**

★★4 1999（平成11）年，日本に対する直接の武力攻撃となる恐れのある事態に対処するために制定された法律を何というか。これによって，自衛隊は武器使用が状況によっては認められることになった。1997（平成9）年のガイドラインにそって制定された。

4 **周辺事態法**

★5 2001（平成13）年，アメリカの行なう対テロ戦争を支援するために制定された法律を何というか。この法律によって，海上自衛隊は2007（平成19）年まで，インド洋上でアメリカ軍への給油活動を行なった。

5 **テロ対策特別措置法**

★6 戦時という，非常事態での体制整備を目的とする七

6 **有事法制関連7法**

つの法律のことを何というか。2003(平成15)年，小泉純一郎内閣で戦後初めて成立した。

★7 日本が外国から直接の武力攻撃を受けた際の，基本的な対応を定めた有事法を何というか。有事法制関連7法の一つ。

7 武力攻撃事態対処法

★8 武力攻撃から国民の生命や財産を守り，国民生活に与える影響を最小限にするため，国や都道府県などの役割分担を定めている法律を何というか。有事法制関連7法の一つ。

8 国民保護法

★9 有事の際，自衛隊に超法規的措置を取らせないようにするために改正された法律を何というか。道路交通法など20の関係法での特例規定や，土地収用など私権の制限にかかわる規定も定めた。2003(平成15)年に制定。

9 改正自衛隊法

★10 2003(平成15)年，イラクへの自衛隊派遣を可能にした法律を何というか。2006(平成18)年，それまでイラクに派遣されていた陸上自衛隊が撤退し，2009(平成21)年には航空自衛隊も撤退し，派遣は終了した。

10 イラク復興支援特別措置法

★11 2002(平成14)年，小泉純一郎首相が日本人拉致問題を解決し，国交正常化をすすめるためピョンヤンを訪問し，金正日総書記との間で史上初の会談を行なった。この会談を何というか。

11 日朝首脳会談

★★12 1977(昭和52)年から1983(昭和58)年に，北朝鮮の当局によって日本人が無理やり北朝鮮に連れていかれた問題を何というか。2002(平成14)年に5人の被害者とその家族の帰国が実現したが，全面解決はしていない。

12 拉致問題

★★13 日本が自国領土と主張している島根県に属する島をめぐり，韓国が実効支配をしていることから発生している外交問題を何というか。

13 竹島問題

★14 日本が自国領土として実効支配する沖縄県石垣市に属する諸島をめぐり，台湾当局と中国が領有権を主張していることから発生している外交問題を何というか。

14 尖閣諸島問題

★15 ここは自分の国の領土であると主張できる権利のことを何というか。国家の領域のうち，陸地の部分に

15 領有権

関して持っている権利で，占有，使用，処分などができる権利。

★**16** 領空の外側に，防衛上の必要性から設定している空域を何というか。他国の飛行機が領空侵犯してから1分前後で領土上空に到達するため，領空侵犯を防ぐ目的で設定している。届け出のない飛行機が侵入した場合には警告を行なう。

16 **防空識別圏**

★**17** 領海の外側に，一定範囲で設定している水域を何というか。船舶のスピードが速くなり，狭い領海だけでは領海侵犯を防げないため設定している。沿岸国が管轄権を行使できる。

17 **接続水域**

★**18** 領海や接続水域，排他的経済水域，大陸棚，公海などに関する条約を何というか。海洋法に関する包括的な制度を規定する。日本は1996(平成8)年に批准した。

18 **国連海洋法条約**

★**19** ソマリア沖やアデン湾での海賊行為から，日本に関係する船舶の航行を守るための法律を何というか。これにより海上保安官は武器の使用も認められる。2009(平成21)年に制定。

19 **海賊対処法**

第Ⅱ部 現代の経済

第1章 現代の経済のしくみ

1 経済社会の変容

資本主義経済とその変容

★★ **1** 人間の生活に必要な各種の財貨やサービスを生産し、それを交換、分配して、消費する活動のことを何というか。 — **1 経済**

★ **2** 自分たちが必要とする品物は、自分たちの社会で賄い、交易はわずかしか行なわない経済を何というか。資本主義経済が行なわれる以前の社会で、共通してみられた。 — **2 自給自足経済**

★ **3** 国の富は金、銀であり、輸出入の差額によって得られるとする考え方を何というか。資本主義の発生期にみられた考え。 — **3 重商主義**

★ **4** 産業革命が行なわれる以前の資本主義経済を何というか。重商主義の考え方が主流で、イギリスでは、毛織物を中心に問屋制家内工業やマニュファクチュアなどがみられる。 — **4 商業資本主義**

★ **5** 資本家に雇われた労働者が、工場で手と道具を使い、分業と協業を取り入れて、商品生産を行なうやり方を何というか。資本主義初期の形態で、工場制手工業のこと。 — **5 マニュファクチュア**

★★ **6** 道具から機械への変化に伴って起こった、経済、社会上の大変革を何というか。18世紀後半のイギリスが最初で、工場制機械工業を出現させた。 — **6 産業革命**

★★ **7** 生産手段の私有が認められ、利潤の獲得を目指して、自由に生産活動することができる経済体制を何というか。産業革命を経て、最終的に確立した。 — **7 資本主義経済**

★★ **8** 資本主義経済は、命令や計画によって動いているのではなく、価格を中心に、売り手と買い手の関係で動いている。このような経済のしくみを何というか。 — **8 市場経済**

★ **9** 資本主義経済では、売ることを目的として生産がなされている。このような資本主義経済の特徴を何と — **9 商品経済**

いうか。

★10 一つの社会の中で，各人がそれぞれ得意な一分野を分担して生産活動を行なうことを何というか。商品経済を支える生産方式。

10 社会的分業

★★11 イギリスで，産業革命後にみられた典型的な資本主義経済を何というか。小規模な企業が多数存在し，自由競争が行なわれ，政府は自由放任の政策をとっていた。

11 産業資本主義

★12 国家は，人々の経済活動に介入すべきではなく，経済は市場における自由競争にゆだねるべきだ，とする考え方を何というか。「自由放任」という意味の，ケネーの言葉。

12 レッセ＝フェール

★13 個人や企業が自由に経済活動を行なっても，市場での自由競争を通じて，経済の調和が保たれると説いたイギリス人はだれか。古典経済学の創始者といわれる。

13 アダム＝スミス

★14 市場経済では，だれが命令するわけでもないのに，多数の生産者による供給と，多数の消費者の需要とがうまく調整されている。こうした状況を，アダム＝スミスは何が作用していると形容したか。

14 「(神の)見えざる手」

★15 「見えざる手」の言葉が出てくる，アダム＝スミスの著書を何というか。

15 『諸国民の富』(『国富論』)

★★16 19世紀末から20世紀にかけて，重化学工業の発展に伴って出現した資本主義を何というか。大企業が支配的となり，自由競争にかわって独占が形成された。

16 独占資本主義

17 独占資本主義は帝国主義ともいわれる。この時代，植民地獲得競争が行なわれていたが，さらに対外的にはどのような経済行動がとられていたか。

17 資本輸出

★★18 1929年，アメリカで起こった株価の大暴落に端を発し，その後，世界中に波及した経済恐慌を何というか。

18 世界恐慌(大恐慌)

★★19 アメリカ大統領ローズヴェルトによる，1933年からの不況克服政策を何というか。政府の積極的な経済介入によって，不況を克服しようとした。TVAの公共事業は有名。

19 ニューディール政策

★★20 1930年代になって，不況や失業に対処するため，自

20 修正資本主義

由経済を原則としながらも政府が積極的に経済に介入するようになった。こうした資本主義を何というか。

★21 修正資本主義経済の理論的基礎をつくった人はだれか。世界恐慌後の不況や失業を解決するための，理論と政策を打ち立てたイギリス人。

21 ケインズ

★22 ケインズの主著で，失業の問題解明に大きな光をあて，経済学に「ケインズ革命」と呼ばれる衝撃を与えた著書は何か。

22 『雇用・利子および貨幣の一般理論』

★23 修正資本主義経済とほぼ同じ内容を表現する用語を何というか。

23 混合経済

★24 働く能力と意志のあるすべての人が，仕事についている状態を何というか。これは，現代資本主義の目標の一つである。

24 完全雇用

★25 自由放任主義をとる産業資本主義の時代に求められた国家を何というか。

25 夜警国家

★★26 修正資本主義の時代に求められている国家を何というか。

26 福祉国家

★27 経済をできるだけ市場の動きに任せ，民間企業の活力を期待する政府のことを何というか。福祉国家型の「大きな政府」に対する批判から出てきた主張。

27 小さな政府

★28 1980年代以降に出てきた，「小さな政府」を目指す動きは，何主義と呼ばれるか。

28 新自由主義

社会主義経済とその変容

★★1 社会主義経済の特徴は大きく二つある。一つは計画経済，もう一つは何か。

1 生産手段の社会的所有

★2 社会主義思想の人々は，資本主義の弊害（貧富の差，失業，恐慌など）の原因は，何にあると考えていたか。

2 生産手段の私有

★3 エンゲルスとともに，科学的な社会主義の理論を確立したのはだれか。資本主義経済を分析して，やがて社会主義社会に移行すると主張した。

3 マルクス

★4 マルクスの著書で，資本主義経済の構造を科学的に分析し，社会主義社会への必然性を論じた著書を何というか。

4 『資本論』

★★ 5	1917年，レーニンによって指導された，最初の社会主義革命を何というか。この革命後，社会主義経済が登場した。	5 **ロシア革命**
★ 6	生産手段を国有にし，経済運営を中央政府の計画に基づいて行なおうとする経済を何というか。社会主義経済の初期の段階でみられた。	6 **集権的社会主義経済**
★ 7	旧ソ連や旧東ヨーロッパ諸国では，1960年代後半から改革がすすめられていた。自主性の拡大や分権化がすすめられたが，最大の改革は何か。	7 **経済の自由化**
★ 8	1985年以降，ゴルバチョフ政権下ですすめられた，旧ソ連の経済・社会改革を何というか。「建て直し」と訳される。	8 **ペレストロイカ**
★ 9	1991年末，旧ソ連は69年間の歴史を閉じて，独立国家共同体(CIS)へと移行した。各共和国の経済体制はどのようになったか。	9 **市場経済へ移行**
★10	1979年以降，中国で実施されてきた経済政策を何というか。農業や商業，工業などの部門で，それまでの社会主義経済とは異なる経済政策が実施された。	10 **改革・開放政策**
★11	中国において，改革・開放政策の実施に伴って解体された，かつての農業生産体制を何といったか。	11 **人民公社**
★12	中国の経済改革で，資本主義国から資金を導入することを何といったか。技術や企業経営方法などを吸収するのにも好都合だった。資本主義国への開放政策。	12 **外資導入**
★★13	中国における，外資導入の受け入れ特別地区のことを何というか。深圳，珠海，海南島など5カ所ある。	13 **経済特区**
★★14	1993年から，中国では市場経済システムを導入して，これまでの共産党と国家による計画経済を改め，市場経済を基礎に，行政指導で調節を行なう経済を取り始めた。こうした中国の経済を何というか。	14 **社会主義市場経済**
15	経済の自由化を積極的に導入し，社会主義市場経済を発展させた指導者はだれか。改革・開放路線を定着させた。	15 **鄧小平**
★16	今日の中国では，資本主義的な企業経営が各種採用されてきている。主流となっている企業はどのような企業か。	16 **個人経営の企業**

★17	1986年以降のベトナムで行なわれている，新たな経済・社会建設のための政策を何というか。集権的管理体制の是正や個人経営の奨励などを行なっている。	17 ドイモイ政策
18	資本主義諸国と社会主義諸国との間の貿易を，かつて何と呼んだか。	18 東西貿易

2 現代の市場と企業

経済活動

★★1	売ることを目的として生産される商品は2種類に分けられる。財と，もう一つは何か。	1 サービス
★2	人間の生活に役に立つ品物で，具体的な形を持っており，売買の対象になる品物を何というか。	2 財（財貨）
★3	医療，娯楽，修理，教育など，具体的な形を持たないけれども，人間の生活に役立つ働きをするものを何というか。	3 サービス
★4	資源は有限であり，人々が望む商品のすべては生産できない，ということを何というか。人々の必要性を十分に満たすだけの財やサービスは，不足しているということ。	4 希少性
★5	例えば，映画をみに行くという選択は，その時間にアルバイトをするという選択肢を放棄することである。このとき，アルバイトをすれば得られたであろう収入のことを何費用というか。	5 機会費用
★6	工場の機械，設備，原料など，物をつくるために使われる財を何というか。	6 生産財
★★7	財は消費財と生産財とに分けられる。家庭電化製品や住宅，車など，長期間の使用に耐えられる消費財を何というか。	7 耐久消費財
★★8	主として消費活動を行なう経済主体を何というか。この経済主体は，労働力や資本，土地などを企業に提供し，賃金，利子，地代などを得ている。	8 家計
★★9	主として生産活動を行なう経済主体を何というか。この経済主体は，経営者と労働者から構成されており，利潤の追求を目的としている。	9 企業
★10	消費活動と生産活動を調整し，経済の安定と成長を	10 政府

はかろうとしている経済主体を何というか。

★11 不特定多数の人々が利用する財やサービスのことを何というか。政府によって供給される，道路や公園，国防，警察，司法，消防など。 | 11 公共財

★12 物が生産されると，生産に携わった人に分配がなされ，分配されたお金を使って消費が行なわれる。こうした，生産，分配，消費，生産の繰り返しを何というか。 | 12 経済循環

★13 企業は利潤を増やすために投資を行ない，生産活動の規模を大きくして，生産を繰り返そうとする。こうした生産のやり方を何というか。 | 13 拡大再生産

★★14 生産活動に必要な要素は三つある。労働力，土地，もう一つは何か。 | 14 資本

15 生産のためには労働力と生産手段とが必要である。生産手段は二つに分けられる。一つは労働対象（原材料），もう一つは何か。 | 15 労働手段（機械や工場）

価格

★★1 商品，労働力，資金，外国為替などが，売り手（供給）と買い手（需要）との間で，取り引きされる場のことを何というか。 | 1 市場

★★2 資本主義経済は，一国全体としては無計画的に生産がなされているので，商品の過不足が生じやすい。それを調整して，過不足なく生産させる役割を果たしているのは何か。 | 2 価格

★★3 売り手（供給）と買い手（需要）との関係，すなわち需給関係で決定される価格を何というか。競争的な市場で，実際に取り引きされる価格のこと。 | 3 市場価格

★4 商品の品質がどれも同じで，売り手も買い手も多数存在し，自由競争が十分に行なわれているという理想の市場で，需給関係で決定される価格を何というか。 | 4 均衡価格

★★5 価格が高くなれば購入量を減らし，安くなれば購入量を増やそうとする，この買い手の行動を示す曲線を何というか。 | 5 需要曲線

★★6 価格が高くなれば売りに出す量を増やし，安くなれ | 6 供給曲線

ば減らそうとする，この売り手の行動を示す曲線を何というか。

★7 供給量が一定のときに需要量が増加(減少)すると価格は上昇(下落)し，需要量が一定のときに供給量が増加(減少)すると価格は下落(上昇)する。このように，価格が需要量と供給量との関係で上がったり下がったりすることを，何の法則というか。 — 7 **需要・供給の法則**

★8 需要の変化に応じて供給を調節すれば，価格は安定する。供給の調節が比較的容易で，価格が安定しているのは，どのような商品か。 — 8 **工業製品**

★9 供給の調節が難しく，そのため価格が不安定となりやすい商品は二つある。水産物と，もう一つは何か。 — 9 **農産物**

★10 価格(市場価格)が上がったり下がったりすることによって，需要量と供給量はひとりでに調節され，釣り合うようになる。この働きのことを何というか。 — 10 **価格の自動調節機能(価格の自動調整機能，価格メカニズム)**

★11 価格の自動調節機能が働くためには，売り手も買い手も多数存在していることが必要である。さらに，もう一つ必要なことは何か。 — 11 **自由競争**

★12 価格の自動調節機能のことを，アダム＝スミスは何と呼んだか。 — 12 **「(神の)見えざる手」**

★13 市場で自由な競争が行なわれていると，競争を通じて価格と数量が動き，市場を通じて需要量と供給量の不一致が解消される。このようなしくみを何というか。 — 13 **市場メカニズム(市場機構)**

★14 市場メカニズム(市場機構)が働くと，社会の必要度に応じて，生産に必要な原材料などが適正に配分されることになる。この必要度に応じて配分されることを何というか。 — 14 **資源の適正配分**

★15 市場を通じての需給調整が十分できないことを何というか。例えば，市場の寡占化によって価格の自動調節機能がうまく働かないこと。 — 15 **市場の失敗(市場機構の限界)**

★16 市場の失敗(市場機構の限界)を補うために活動している経済主体は何か。 — 16 **政府**

★17 国民生活に密着した商品やサービスの価格は，政府や地方公共団体が関与して決定している。こうした — 17 **公共料金(公定価格)**

価格のことを何というか。
- ★18 商品の生産費に一定利潤を加えて決められる価格を何というか。市場価格は，この価格を中心に変動し，長期的にはこの価格に近づく。 　18 **生産価格**
- ★19 生産費の主なものは三つある。原材料費，減価償却費，もう一つは何か。 　19 **人件費**
- ★20 商品を生産することによって，少しずつ機械，設備がすり減っていく。このすり減った部分を補う費用のことを何というか。 　20 **減価償却費（固定資本減耗分）**
- ★★21 企業が販売量や市場占有率を高めるために行なう，価格の引き下げ競争のことを何というか。価格引き下げのためには，費用を減らさなければならず，合理化や生産性の向上が必要となる。 　21 **価格競争**

企業

- ★★1 株式を売るという形で，多数の人々から資本金を集めて企業活動をしている，現代の代表的な企業形態は何か。 　1 **株式会社**
- ★2 株式会社における業務執行機関を何というか。株主総会で選ばれた者により構成され，会社の経営にあたる。 　2 **取締役会**
- 3 会社内での最高責任者を，欧文略語で何というか。日本では通常，代表取締役を社長というが，外国の人からはだれが責任者なのか分かりにくいため，責任者を明確にするために用いられる。 　3 **CEO（最高経営責任者）**
- ★4 株主は，株式会社の債務（借金）について，自分の出資額の範囲内でしか責任を負わない。このような責任のことを何というか。 　4 **有限責任**
- ★★5 株式会社の出資者（株主）は，資本家であり経営者であるという単純な関係は，今日では成立しない。一般株主は経営に参加していない状況を指して何というか。 　5 **所有と経営の分離（資本と経営の分離）**
- ★6 今日の大企業では，個人株主の占める割合が低下し，企業や銀行，保険会社など法人が株式を所有する割合が増大している。こうした株主のことを何というか。 　6 **法人株主**

★ 7	株式や債券に投資する法人の投資家を何というか。具体的には，投資信託会社，生命保険会社，年金基金などがある。	7 機関投資家
★ 8	企業と直接，間接に利害関係を有する者を，何というか。具体的には，消費者，従業員，株主，地域社会など。	8 ステークホルダー（利害関係者）
9	企業が社会的責任を積極的に果たしているかどうかを判断材料として行なう投資方法を何というか。法令を守っているか，環境への配慮は十分かなどを調べて，対応が十分であると判断された企業へ投資する。	9 社会的責任投資
★10	国や地方公共団体と民間の共同出資による事業体（企業）を何というか。地域開発や交通などの分野で設立されているものが多い。	10 第三セクター
★11	企業の活動状況や経営の現状などを，投資家に広く情報開示することを何というか。法律で，この情報開示が規定されている。	11 ディスクロージャー
★12	株主が，会社の取締役などに損害賠償を求める訴訟のことを何というか。会社の取締役が違法行為をして会社に損害を与えたと判断される場合に，提訴される。	12 株主代表訴訟
★13	企業が会社法や民法，労働法，食品衛生法などの法令を守って経済活動することを何というか。企業倫理（モラル）を守ることを含める場合もある。	13 コンプライアンス（法令遵守）
★14	企業の資本金のうち，株式や積立金，社内留保などの分を何というか。	14 自己資本
★15	企業の資本金のうち，社債や借入金などの分を何というか。	15 他人資本
★★16	主力銀行を同じくし，株式の相互持ち合いや役員の相互派遣などを通じて，グループ化した企業の集まりを何というか。寡占体制を強めるためのもの。	16 企業集団
★★17	本来の業種と関係のない，様々な企業を吸収，合併，買収し，複数の産業，業種にまたがって多角的に企業活動を行なう，巨大企業を何というか。	17 コングロマリット（複合企業）
★18	他企業を合併，買収することによって，企業規模を拡大することを何というか。	18 資本の集中

★**19** 企業の合併・買収のことを欧文略語で何というか。今日では,自分の会社で行なえない経営の多角化や,事業の海外展開などを効率よく行なう手段として用いられる。　**19 M&A**

★★**20** 世界各国に子会社や系列会社を持ち,世界的な規模で活動する企業のことを何というか。本社を軸に,総企業利潤を最大にすることを目指している。　**20 多国籍企業**

★**21** 企業が大きくなると,大規模生産が可能となり,生産費と価格は低下する傾向になる。このことを何というか。　**21 規模の利益(スケール=メリット)**

★★**22** 同一の商品が大量に生産され,それが消費されている状況を何というか。現代経済社会の特徴の一つ。　**22 大量生産・大量消費**

★**23** 企業が事業を継続できなくなることを何というか。資金繰りに失敗して不渡り手形などを出し,銀行取り引きの停止処分を受けた状態。　**23 倒産**

★**24** 大規模な株式会社の,迅速かつ円滑な再建を可能とする倒産処理手続きを定めた法律を何というか。申請と同時に,経営陣は総退陣する。　**24 会社更生法**

★**25** 中小企業について,再建を見込んでの倒産処理手続きを定めた法律を何というか。手続き申し立て後も,経営者は残留できる。　**25 民事再生法**

★**26** 企業が行なう,社会的貢献活動や慈善的寄付行為を,何というか。最近の企業は,公益的活動も行なうようになってきている。　**26 フィランソロピー**

★**27** 企業が行なう様々な文化支援活動を,何というか。コンサートや,スポーツ大会などを支援する活動。　**27 メセナ**

★**28** 企業が,環境保全に責任を持ち,社会的な貢献活動をすることを称して何というか。　**28 企業の社会的責任(CSR)**

寡占

★★**1** 一つの産業の市場が,少数の企業によって支配されていることを何というか。今日では,工業製品の市場で多くみられる。広い意味で,独占に含まれる。　**1 寡占**

★★**2** 寡占市場では,自由競争が後退し,価格の自動調節機能が働かなくなる。その結果,どのようなことが解消されにくくなるか。　**2 需給の不一致**

★★3	寡占市場でみられる価格は，需給関係だけで決まるのではなく，市場支配力を持つ企業がプライス＝リーダーとなって決定される。この価格を何というか。	3 管理価格
★4	暗黙の協定に基づいて，市場支配力を持つ最大手の企業が設定した価格に，他社が追随して寡占市場の価格が設定されることを何というか。	4 プライス＝リーダーシップ
★5	管理価格や独占価格のもとでは，生産コストが下がっても，価格は一般に下がりにくくなっている。このことを何というか。	5 価格の下方硬直性
★★6	ある企業の製品が，その製品市場の中で，どのくらいの割合を占めているかを示す率を何というか。市場支配力の大きさを示す。	6 市場占有率（マーケットシェア）
★7	寡占市場で多くみられる競争を何というか。品質，サービス，広告などの競争が多くなる。	7 非価格競争
★8	非価格競争は，利潤拡大のほかに，何の拡大を目指して行なわれる競争であるか。	8 市場占有率（マーケットシェア）
★9	使用目的は同じ製品であっても，品質，性能，装飾などをかえることによって，自社製品と他社製品の差をアピールすることを何というか。非価格競争の一つ。	9 製品差別化
★★10	1947（昭和22）年，大企業による市場支配（独占，寡占）の弊害を是正し，消費者を守るために制定された法律を何というか。	10 独占禁止法（独禁法）
★★11	独占禁止法の目的を達するために設けられた行政委員会を何というか。この委員会は内閣府の所轄に属する。	11 公正取引委員会
★★12	同一産業の企業が，価格や生産量などについて協定を結び，競争を避けて利潤を確保しようとすることを何というか。独占禁止法で禁止されている。	12 カルテル
★★13	同一産業の企業合併を何というか。競争を実質的に制限することにつながるため，独占禁止法で禁止されている。	13 トラスト
★★14	複数の産業にまたがって，株式の取得や資金貸し付けなど，金融面から企業連携をはかるものを何というか。第二次世界大戦前の日本の財閥はこれにあたる。	14 コンツェルン

★★**15** 株式を所有することにより、会社の事業活動を支配することを主たる事業とする会社を何というか。1997(平成9)年の独禁法改正で、こうした会社の設立が原則自由となった。

16 生産者が商品の価格を決定し、その価格で全国一律に販売させる制度を何というか。独禁法の例外規定であり、公正取引委員会が指定した新聞や書籍など、ごく一部の商品にのみ認められている。

15 **持株会社**

16 **再販売価格維持制度（再販制度）**

第Ⅱ部 現代の経済

第2章 国民経済のしくみ

1 国富と国民所得

国富と国民総生産

★★ 1 一国全体の富（財産）の合計を何というか。過去から蓄積されてきた財産の合計。国全体の豊かさを示す一つの指標として用いられる。 — 1 国富

★ 2 一国全体として所有している財産の総量といった概念を，何というか。 — 2 ストック

★ 3 国富は，個人資産（土地，住宅など）や企業資産（工場，機械設備，製品など），社会資本からなるが，そのほか，どのような資産が含まれるか。 — 3 対外純資産

★ 4 社会資本とは，国民が共通して利用する公共的な施設のことで，道路，港湾，図書館，病院，上下水道などがある。これらは，どの経済主体の投資によってつくられるか。 — 4 政府

★ 5 下水道，ゴミ処理施設，公園など，人々の生活に密着している施設のことを何というか。日本では，この充実がまだ十分とはいえない。 — 5 生活関連社会資本

★★ 6 社会的生産活動を支える基礎的な施設を何というか。道路，鉄道，空港，港湾，電気，農業基盤などの社会資本のこと。 — 6 インフラ（インフラストラクチャー）

7 国全体として，外国で保有している資産のことを「対外純資産」という。1991年以来，対外純資産の世界第1位を続けている国はどこか。 — 7 日本

★★ 8 預貯金や債券（国債，社債），株式，保険などの形で所有している財産のことを何というか。 — 8 金融資産

★ 9 お金，土地，証券など，どのような種類の資産を持っているかによって，資産価値が違ってくることを何というか。 — 9 資産格差

★★ 10 1年間に，国民全体として，新たに生産した財やサービスの合計を何というか。 — 10 国民総生産

★★ 11 国民総生産を欧文略語で何というか。国民総生産に — 11 GNP

第2章 国民経済のしくみ 93

は，海外にいる国民が働いて得たお金を送金した金額も含まれる。

★★12 国民ではなく領土を基礎にして，1年間に，国内で新たに生産された財やサービスの合計を何というか。

12 国内総生産

★★13 国内総生産を欧文略語で何というか。一国の経済規模を示す指標。

13 GDP

★14 一定期間における国民経済の流れの量を示す概念を，何というか。一国全体として，どれだけの量の財やサービスが生産されたかを示す。

14 フロー

★15 国民総生産は，総生産額から中間生産物の生産額を差し引いて計算する。このときの計算は，何を用いて計算するか。

15 市場価格

★★16 国内総生産を，その時々の市場価格で計算したものを何というか。

16 名目国内総生産（名目GDP）

★★17 国内総生産を，その年の物価上昇分を除いて計算したものを何というか。

17 実質国内総生産（実質GDP）

★★18 国民総生産から，機械や設備など，生産活動の中で摩耗した分を差し引いたものを何というか。付加価値の合計のこと。

18 国民純生産（NNP）

★★19 生産過程の中で，新たにつくり出された価値を何というか。

19 付加価値

★20 生産活動によって，機械や設備が摩耗した分のことを何というか。

20 固定資本減耗分（減価償却費）

国民所得

★★1 国民純生産から間接税を引き，補助金を加えたものを何というか。国民総生産より精度の高いデータ。

1 国民所得（NI）

★2 国民所得は三つの面からとらえることができる。生産の面，分配の面，もう一つは何の面か。

2 支出

★★3 国民所得を生産面からとらえ，産業別に集計したものを何というか。どの産業でどれだけの生産が行なわれたかを示すもの。

3 生産国民所得

★4 現在，日本の生産国民所得において，第三次産業が占める割合はどのくらいか。

4 70％以上

★★5 生産された所得が，だれの手にどのように分配されたかを示す国民所得を何というか。

5 分配国民所得

★ 6	分配国民所得は大きく三つに分けて集計される。利子，配当などの財産所得，企業利潤などの企業所得，もう一つは何か。	6 雇用者報酬（賃金など）
★ 7	現在，日本の分配国民所得において，雇用者報酬が占める割合はどのくらいか。	7 約70％
★★ 8	分配された所得を，だれがどのように支出したかを示す国民所得を何というか。	8 支出国民所得
★ 9	支出国民所得は，大きく二つに分けて集計される。消費と，もう一つは何か。	9 投資
★10	投資をすれば，工場，機械，建物などの固定資本と，在庫品の合計が増える。よって，投資を別の言葉で表現すると何というか。	10 資本形成
★★11	工場，機械，建物などのために行なわれる投資を何投資というか。	11 設備投資
★12	個人の所得から所得税や住民税などの税金分を引き，さらに健康保険や年金保険などの社会保険料を差し引いた，残りの所得のことを何というか。	12 可処分所得
★13	生産，分配，支出の面からとらえた国民所得は，等しくなる。これを称して何というか。	13 三面等価の原則
★14	国民所得やGDPは，国民生活の豊さを直接的に示す指標ではない。生活や福祉水準を示す指標として考え出されたものを何というか。	14 国民純福祉（国民福祉指標）
★15	国民純福祉（国民福祉指標）を欧文略語で何というか。	15 NNW

2 景気循環と経済成長

景気循環

★★ 1	経済活動は，活発に行なわれるときもあれば，活動が停滞するときもある。このような経済活動全体の動きのことを何というか。	1 景気
★★ 2	景気は波のように循環して動く。一定の周期をもって，景気がよくなったり悪くなったりすることを何というか。	2 景気循環（景気変動）
★ 3	景気循環は四つの局面を持っている。好況，後退，不況と，もう一つは何か。	3 回復
★★ 4	景気のよい局面を何というか。経済活動が活発で，	4 好況

第2章 国民経済のしくみ

投資や雇用が増大し，賃金や利潤が増える局面。しかし，物価も上昇する。

★ **5** 景気が山を越し，経済活動が緩やかに縮小している局面を何というか。生産能力の拡大に対して，需要の拡大が伴わなくなり，倒産や失業が起こってくる局面。

5 後退

★★ **6** 倒産や失業が増え，経済活動が低迷している局面を何というか。需要不足で物が売れないため，生産は減少し，利潤も小さくなる。資金需要が減り，金利も下がる。

6 不況

★ **7** 企業倒産によって過剰な生産設備が整理されると，新しい技術導入のための投資が始まる。この投資需要の増大が，経済活動を再び活発にしていく局面を何というか。

7 回復

★ **8** 需要が供給に比べて大きくなり過ぎ，経済活動が異常に活発となっている状態のことを何というか。この状態では，物価は上がりインフレーション気味となる。

8 景気過熱

★★ **9** 景気後退が急激に起こり，経済が大混乱に陥る局面を何というか。価格は暴落し，倒産や失業の増大が激しくなる。

9 恐慌

★ **10** 資本主義経済では，景気循環は避けることができない。しかし，今日では，恐慌はみられなくなってきている。それはなぜか。

10 政府が積極的に経済に介入するから

★★ **11** 1929年の世界恐慌を契機にして，恐慌や不況を克服するためには，政府が積極的に経済に介入すべきである，と主張した経済学者はだれか。

11 ケインズ

★ **12** ケインズが主張した具体的な経済政策のことを何というか。政府が，実際に貨幣の支出を伴う需要を増大させる政策のこと。

12 有効需要政策

★★ **13** 周期約10年の景気循環を，発見者の名にちなんで何の波というか。「主循環」あるいは「中期波動」などとも呼ばれる。

13 ジュグラーの波

★ **14** 周期約10年のジュグラーの波は，何が原因で起こると考えられているか。

14 設備投資

★ **15** 周期約15年の景気循環を，発見者の名にちなんで何

15 クズネッツの波

の波というか。建設投資の動きに対応した景気循環と考えられる。

★★16 周期約4年の景気循環を、発見者の名にちなんで何の波というか。「短期波動」などとも呼ばれる。　16 キチンの波

★17 周期約4年のキチンの波は、何が原因で起こると考えられているか。　17 在庫投資

★★18 周期約50年の景気循環を、発見者の名にちなんで何の波というか。「長期波動」などとも呼ばれる。画期的な技術革新や資源の大規模開発などが原因と考えられる。　18 コンドラチェフの波

★19 資本主義経済では避けることのできない景気変動の波を、財政、金融、為替政策などによって安定させようとすることを何というか。　19 景気対策（景気調整）

経済成長

★★1 経済活動の規模が、量的に拡大することを何というか。　1 経済成長

★★2 経済成長は、何の増加で示されるか。　2 国内総生産（GDP）あるいは国民所得（NI）

★3 経済成長はGDPあるいは国民所得の増加で示される。この増加率のことを何というか。　3 経済成長率

★4 GDPの名目値を、物価指数で割って（物価上昇分を差し引いて）計算した成長率を何というか。　4 実質経済成長率

★★5 経済の規模が前年を下回った場合、これを何成長というか。　5 マイナス成長

★6 経済は、一定の率で順調に成長するわけではない。何を繰り返しながら成長するか。　6 景気循環（景気変動）

★7 経済成長のためには、拡大再生産が必要である。拡大再生産のためには何が必要か。　7 投資（純投資）

★★8 新しい生産技術の導入や新しい経営方式の導入のことを何というか。アメリカの経済学者シュンペーターは、これが経済成長の原動力であると主張した。　8 イノベーション（革新的行動）

物価

★★1 個々の商品（財やサービス）の価格を総合したものを何というか。個々の値動きではなく、全体の値動き　1 物価

第2章　国民経済のしくみ　97

を知るのに使われるもの。

★★ 2 商品(財やサービス)の価格全体の値動きを，指数で示したものを何というか。基準時を100として，比較時の値動きを示すもの。　　　2 物価指数

★ 3 日常生活のための商品(財やサービス)の値動きを示す物価を何というか。小売り段階での値動き。　　　3 消費者物価

★ 4 企業間で商品を売買するときの，商品の値動きを示す物価指数を何というか。以前は「卸売物価指数」といっていた。　　　4 企業物価指数

★ 5 GDPを用いてあらわされる物価指数のことを何というか。消費だけでなく，投資なども含めた，経済全体の物価動向を示すもの。　　　5 GDPデフレーター

★★ 6 輸入される商品(財やサービス)の価格に直接作用して変動させ，国内物価に大きな影響を与える相場を何というか。　　　6 外国為替相場(円相場)

★★ 7 物価の持続的な上昇のことを何というか。かつては，景気の上昇期にみられるものであったが，今日では不況期にみられることもある。　　　7 インフレーション(インフレ)

★ 8 商品(財やサービス)の価格が上昇するインフレーションを，貨幣に注目して表現すると，何といえるか。　　　8 貨幣価値の下落

★ 9 インフレは，資産(財産)を持たず，一定額の収入しかない人々の生活を圧迫する。生活保護世帯のほかに，生活が苦しくなるのはどういう人々か。　　　9 年金生活者

★10 インフレが起こる一つの理由は，通貨量が増大するためである。通貨が増発されやすい，今日の通貨制度を何というか。　　　10 管理通貨制度

★11 需要の増大が物価を引き上げているとするインフレのことを何というか。都市部における土地に対する需要の増大が，物価を引き上げるのは一つの具体例。　　　11 ディマンド=プル=インフレーション

★12 生産費の増大，なかでも賃金や原材料の値上がりが，物価を押し上げているとするインフレを何というか。　　　12 コスト=プッシュ=インフレーション

★13 日本では，第一次産品の多くを輸入に依存している。そのため，輸入原材料の価格上昇が国内物価を押し上げることにつながりやすい。こうしたインフレを何というか。　　　13 輸入インフレーション

★14 景気停滞のもとでのインフレを何というか。景気は　　　14 スタグフレーション

よくないので失業率も高い。石油ショック以降，先進国で多くみられた。

★★15 物価の下落が2年以上続いている状態を指して何というか。総需要が総供給を下回っていることが主たる原因である。

15 **デフレーション（デフレ）**

★16 デフレーションのときには，生産活動は低下し，賃金は下がり，雇用も減少する。一方，デフレになると増加するのは何か。

16 **失業**

★17 物価の下落が継続することと，経済活動の縮小とが相互に作用して，らせん階段をおりるように景気がどんどん悪化することを何というか。

17 **デフレスパイラル**

3 金融と財政の役割

通貨制度

★★1 一国の通貨の基準を金に置き，その国の中央銀行が保有する金の量によって，通貨量が制約される通貨制度を何というか。1816年，イギリスで最初に採用された。

1 **金本位制度**

★2 金本位制度のもとでの銀行券を何というか。銀行に持参すれば，いつでも金と交換できる銀行券。

2 **兌換銀行券**

★★3 中央銀行が，通貨価値を人為的に決定し，金の保有量と無関係に，必要に応じて通貨を発行する制度を何というか。1930年代，金本位制度が崩壊し，かわってこれが登場した。

3 **管理通貨制度**

★4 管理通貨制度のもとで発行される銀行券を何というか。

4 **不換銀行券**

★5 交換手段（流通手段）や支払手段として，実際に機能しているお金のことを何というか。

5 **通貨**

★★6 今日では，通貨は2種類ある。預金通貨と，もう一つは何か。

6 **現金通貨**

★7 現金通貨には2種類あり，一つは政府が発行する貨幣（硬貨）である。もう一つの，中央銀行が発行する通貨を何というか。

7 **銀行券（紙幣）**

★★8 当座預金や普通預金などを持っていれば，現金（通貨）を用いなくても支払いや受け取りができる。そ

8 **預金通貨**

こで預金は通貨とみなされている。これを何通貨というか。

★ 9 預け入れの期間を定めず，預金者の要求により，ただちに払い戻しされる預金のことを何預金というか。普通預金と当座預金が代表例。

9 要求払い預金

★★10 企業や個人，地方公共団体などが保有する通貨量の残高を何というか。この残高の約半分は，現金通貨と預金通貨を合わせたもの，残りの半分は定期性預金や譲渡性預金などである。

10 マネー＝ストック

★11 日本銀行が現金通貨（紙幣）を供給する方法は大きく三つある。銀行への貸し出し，資金供給オペレーション（買いオペ），もう一つは何か。

11 外貨の買い上げ

★12 銀行が預金の引き出しに備えておく現金は，預金全体の一部である。残りはどのように活用されるか。

12 貸し出される

★★13 貸し出されたお金は，再び，どこかの銀行に預金されるから，銀行全体としては，最初の預金の何倍もの預金通貨をつくり出すことになる。このことを何というか。

13 信用創造

★14 企業同士のお金の支払いや受け取りには，現金は補助的にしか使われない。主に使われるのは小切手と，もう一つは何か。

14 手形

★15 小切手や手形は現金通貨と同じように流通する。これらは，銀行の何預金とつながっているか。

15 当座預金

★16 当座預金の残高があることを前提にして振り出される証券を何というか。

16 小切手

★17 今は手持ちのお金がないけれども，何カ月か先には確実にお金が入る予定があるとき，振り出される証券を何というか。

17 手形（約束手形）

★18 支払い期日前の手形を，現金化することを何というか。

18 手形割引

★19 振り出された小切手や手形の金額より，当座預金の残高が少なかった場合には，お金は支払われない。このことを何というか。

19 不渡り

金融

★★ 1 個人や企業などから資金を集め，これを必要として

1 金融

いる企業などに融通することを何というか。

★2 資金の貸借や証券の売買を行なう市場を何というか。銀行と個人との間や，銀行と企業との間，または銀行や証券会社などの金融機関同士で取り引きされる。 — 2 金融市場

★3 資金融通の仲立ちをはかる金融機関には大きく三つある。銀行，証券会社，もう一つは何か。 — 3 保険会社

★★4 個人や企業などから預かったお金を，銀行の判断で企業などへ貸し付ける金融方法を何というか。 — 4 間接金融

★★5 株式や社債の発行によって資金を集める方法を何というか。個人や企業などは，自らの判断で，株式や社債を買う形で資金を供給している。 — 5 直接金融

★6 直接金融の代表的な金融機関を何というか。株式や社債などの，発行，売買，引き受け業務などをする金融機関。 — 6 証券会社

★7 株券，国債や社債などの債券，手形や小切手，商品券などを総称して何というか。 — 7 有価証券

★★8 貸し付けた資金に対する利子の割合を何というか。原則的には，資金に対する需給関係によって決まる。 — 8 利子率（利率，金利）

金融政策

★★1 一国の金融制度の中心的な役割を担う機関を何というか。 — 1 中央銀行

★2 日本における中央銀行を何というか。 — 2 日本銀行

★★3 中央銀行の役割は大きく三つある。政府の銀行，銀行の銀行，もう一つは何か。 — 3 唯一の発券銀行

★★4 日本において金融政策を実施しているのはどこか。 — 4 日本銀行

★★5 一国全体のお金の量や流れを調節することによって，物価を安定させ，経済活動を活発にしたりする政策を何というか。 — 5 金融政策

★6 通貨量を増やす金融政策を何というか。経済活動を活発にしたいとき（不況時）にとられる政策。 — 6 金融緩和政策

★7 通貨量を減らす金融政策を何というか。景気を抑制し，物価を安定させたいとき（景気過熱時）にとられる政策。 — 7 金融引き締め政策

★★8 1996（平成8）年以降の，主な金融政策の手段を何というか。従来は，公定歩合操作や預金準備率操作も — 8 公開市場操作（オープン＝マーケット＝

第2章 国民経済のしくみ 101

主要な手段であったが，前者は1994（平成6）年からの金利の自由化で用いられなくなり，後者は1991（平成3）年から行なわれていない。

★9 日本銀行と市中の金融機関とは，公開市場操作で何を売買しているのか。

★10 日銀は公開市場操作を行なうことで，何に影響を与えようとしているのか。

★★11 金融機関同士が，無担保で翌日返済する資金を貸し借りする際の金利を何というか。短期金融市場での金利。

★12 無担保コール翌日物金利は，金融政策のねらいを示すために設定されている金利である。こうした金利を何金利というか。これが国内の金利をコントロールする。

★13 日本の政策金利は，日銀の何という会合で決定されているか。

★14 日銀が金融機関から国債などを買い入れることによって，資金を市場に供給する操作を何というか。これによって金利は低下していく。

★15 日銀が金融機関に対し国債などを売ることによって，市場から資金を吸い上げる操作を何というか。これによって金利は上昇していく。

★16 金融を緩和して景気を刺激し，物価の上昇圧力を高めたいときに用いる公開市場操作を何というか。

★17 景気の過熱を冷まし，物価の上昇圧力をやわらげたいときに用いる公開市場操作を何というか。

★18 日銀の決定した政策金利と，日々の無担保コール翌日物の金利とは一致しない。これを一致させるように，資金を供給したり吸収したりする政策を何というか。金利が上昇しているときには資金を供給し，下落しているときには資金を吸収する。

★19 銀行や保険会社など，金融機関同士が資金を融通し合う市場を何というか。

★★20 不景気のときには，景気を刺激し物価の上昇圧力を高めるために，政策金利を引き下げる政策をとる。無担保コール翌日物金利を実質0％に近付ける政策

オペレーション）

9 国債

10 通貨量

11 無担保コール翌日物金利

12 政策金利

13 金融政策決定会合

14 資金供給オペレーション（買いオペ）

15 資金吸収オペレーション（売りオペ）

16 資金供給オペレーション（買いオペ）

17 資金吸収オペレーション（売りオペ）

18 公開市場操作（オープン＝マーケット＝オペレーション）

19 短期金融市場

20 ゼロ金利政策

	を何というか。景気回復を目指す金融緩和策。	
★★21	政策金利が０％に近くなると，それ以上は金利を引き下げられない。そうしたときにとられる金融緩和政策を何というか。銀行に資金を供給し，市中に出回る通貨量を増大させる政策。	21 **量的緩和政策**
★★22	穏やかなインフレになることを目指して実施する金融政策のことを何というか。日本では，2013(平成25)年4月から，デフレから脱却するために実施している政策。	22 **インフレターゲット政策**
★23	日本のインフレターゲット政策は，2年程度の期間で，消費者物価の前年比上昇率を何％とすることを目指しているか。	23 **2％**
★★24	2013年から日銀は金融政策を変更している。無担保コール翌日物の金利を操作する方法から，何を操作する方法に変更したか。	24 **マネタリーベース**
★25	市中に出回っている現金と，民間銀行が日銀に預けている「日銀当座預金」との合計を何というか。2013年から，日銀はこれを2倍にする政策をとっている。	25 **マネタリーベース**

財政制度

★★1	国や地方公共団体がその役割を果たすために，資金を調達し，支出する経済活動のことを何というか。	1 **財政**
★2	財政上の収入のことを何というか。原則的には，租税(税金)収入である。	2 **歳入**
★3	財政上の支出のことを何というか。	3 **歳出**
★★4	税金を取り立てる場合には，必ず法律の定めに基づいて行なわれなければならないという原則を何というか。	4 **租税法律主義**
★5	国の歳入・歳出計画を「予算」という。予算は1年単位で区切られており，原則として翌年に繰り越して歳出することはできない。この原則を何というか。	5 **会計年度独立の原則(単年度主義)**
★6	国の財政を監督するのはどこか。	6 **国会**
★7	国の予算案を作成する権限は，どこが持っているか。	7 **内閣**
★8	国の予算の成立にはどのような手続きが必要か。	8 **国会の議決**
★9	国の予算は大きく三つに分けられる。一般会計予算，特別会計予算，もう一つは何か。	9 **政府関係機関予算**

★★10	公共事業や社会保障など，通常の政府の活動を賄う予算を何というか。	10 **一般会計予算**
★11	一般会計予算の中で，社会保険や生活保護，社会福祉，保健衛生などのために支出される費用のことを何関係費というか。この関係費は，最も大きな割合（3割超）を占めている。	11 **社会保障関係費**
★12	社会保障関係費の中で，7割以上は何の費用にあてられているか。	12 **社会保険（健康保険や年金保険など）**
★13	特殊な事業や資金運用は，一般会計と分離して別に予算が設けられている。これを何予算というか。	13 **特別会計予算**
★14	平成25年度，特別会計予算は14（東日本震災特別会計を除く）ある。特別会計予算の一つで，国債の償還，借り換えなどを円滑に行なうために設けられている会計を何というか。	14 **国債整理基金特別会計**
★15	3月31日までに予算が成立しない場合，年度初めから予算成立までの間，一時的な予算を編成する必要がある。この予算のことを何というか。	15 **暫定予算**
★16	予算成立後，経済情勢の変化によって予算を追加したり，予算内容を変更したりすることがある。こうして手直しされた予算のことを何というか。	16 **補正予算**

税金と国債

★★1	税金を納める者と，実際に税金を負担する者が一致している税金を何というか。	1 **直接税**
★2	国へ払う直接税の主なものは三つある。法人税，相続税，もう一つは何か。	2 **所得税**
★3	株式会社などの法人の所得に対してかかる税金のことを何税というか。国税の直接税の中では，所得税に次いで大きな税収となっている。	3 **法人税**
4	直接税の税収は不安定である。なぜ不安定なのか。	4 **景気に左右されるから**
★★5	所得税は，所得が多くなればなるほど，税率が高くなる制度をとっている。これを何というか。	5 **累進課税制度**
★★6	税金を納める者と，実際に税金を負担する者とが異なる税金を何というか。税金分は，商品の価格に上乗せされて，最終的には消費者が負担する。	6 **間接税**

★ 7	国に納める間接税には，消費税や関税などがある。そのほか，満20歳以上の人にのみ課せられる間接税は何か。	7 酒税，たばこ税
★★ 8	商品やサービスの購入のときにかかる税を何というか。現行8％，2017年4月には10％に引き上げられる予定。社会保障費にあてることが決まっている税金。	8 消費税
★ 9	間接税は，結果的に所得の少ない人ほど高い税率で負担させられるという短所がある。このことを指して何というか。	9 逆進課税
★10	税収全体に占める直接税と間接税の割合を何というか。日本の国税の直接税と間接税の割合は，おおよそ6：4である。	10 直間比率
★11	国民所得に占める税額の割合のことを何というか。個人の所得に占める税金の割合をいう場合もある。	11 租税負担率
★★12	国の歳入は税金で賄うのが原則であるが，それでも足りないときに発行されるものを何というか。具体的には，国民から借金をすること。	12 公債（国債）
★★13	経済の低迷により税収入が伸び悩み，必要な歳出を税収入で賄うことができずに，国債（公債）の発行に頼っている財政状況を何というか。	13 財政赤字
★14	財政赤字を続けていると，国債残高が膨らみ，借金返済のめどが立たなくなる。こうした事態を何というか。	14 財政破綻
★★15	公共事業費などにあてるための国債を何というか。財政法第4条で発行が認められており，1966（昭和41）年度から本格的に発行されている。	15 建設国債
★★16	一般会計予算の経常費不足を穴埋めするために発行される国債を何というか。財政法はこれを禁止しているため，財政特例法を毎年成立させて，発行している。	16 特例国債（赤字国債）
★17	財政法第5条は，国債は国民に引き受けてもらう（国民から借金する）ことを規定している。この規定のことを何というか。	17 日銀引き受けの禁止（市中消化の原則）
★18	一般会計予算で，歳入の中に占める国債発行額の割合を何というか。	18 国債依存度（公債依存度）

第2章 国民経済のしくみ

★19 国債の償還と利子払いとにあてられる歳出のことを何というか。大量の国債発行の継続により，この費用が増え，財政の現状は著しく不健全なものになっている。　19 **国債費**

★20 歳入，歳出を見直して，財政を立て直すことを何というか。国債依存度を引き下げて，国債の対GDP比を一定水準以下におさえること。　20 **財政再建**

21 社会保障の充実，安定化と，そのための安定財源確保と財政健全化，この二つの同時達成を目指す改革のことを何というか。社会保障は充実させるべき，ならばどのようにしてその財源を確保するか，という問題を解決しようとするもの。　21 **社会保障と税の一体改革**

★★22 財投債の発行などにより調達した資金で，長期・低利の融資や投資を行なうものを何というか。租税負担によらずに，民間金融機関から十分な資金供給を受けられない中小企業などに，資金を供給する。　22 **財政投融資（財投）**

★23 財政融資資金特別会計が発行する国債を何というか。民営化された郵便貯金の資金も含め，民間金融機関の資金でこの国債を購入してもらい，財政投融資を行なう。　23 **財投債**

★24 政府が大量に国債を発行することによって，民間に回るべき資金が抑制されることを称して何というか。大量の国債発行は，民間で必要とする資金調達に影響を与える。　24 **クラウディング＝アウト**

財政政策

★★1 国や地方公共団体が税金を用いて行なう，経済を安定，成長させようとする政策を何というか。　1 **財政政策**

★★2 財政政策の目的は大きく三つある。所得の再分配，資源配分の調整，もう一つは何か。　2 **景気調整**

★★3 累進課税制度と，低所得者に対する医療・年金などの社会保障，相続税による財産所得の平等化などにより，所得の配分が是正されることを何というか。　3 **所得の再分配**

★4 政府が税金を用いて社会資本の整備などを行なうことによって，民間の経済活動では充足されにくい分野へ資源を配分することを何というか。　4 **資源配分の調整**

★★ **5** 財政支出の規模を増減することによって、景気を安定させようとすることを何というか。好況期には景気の過熱をおさえ、不況期には景気を刺激する。

5 景気調整

★★ **6** 景気が悪いときには、国債を発行してでも財政支出を増大させて有効需要を増やし、景気を回復させようとする政策のことを何というか。

6 赤字財政政策

★ **7** 国債を除く歳入(税収)で、国債費を除く歳出がどの程度賄えているかを示すものを何というか。国債費を除く歳出を、税収だけで賄えない場合は赤字となる。

7 プライマリー＝バランス(基礎的財政収支)

★ **8** 国や地方公共団体が行なう、公共事業のための投資を何というか。具体的には、道路や港湾の整備、治山・治水事業、産業基盤の整備、災害復旧などへの投資。

8 公共投資

★★ **9** 累進課税制度や社会保障制度を組み入れておくことによって、財政は自動的に景気を安定化させる働きを持つようになる。このことを何というか。

9 自動安定化装置(ビルト＝イン＝スタビライザー)

★★ **10** 不景気のときには、減税をしたり国債の発行によって公共事業を増やしたりして、景気回復をはかろうとし、景気が過熱気味のときには、増税をしたり財政支出を減らしたりして、経済を安定させる政策のことを何というか。

10 フィスカル＝ポリシー(裁量的財政政策)

★ **11** 経済の安定と成長を求めて、財政政策や金融政策、為替政策など、各種の経済政策を一体的に運営することを何というか。

11 ポリシー＝ミックス

第Ⅱ部 現代の経済

第3章 日本経済の現状

1 日本経済のあゆみ

戦前の日本経済

★1 欧米列強に対抗できる強い国をつくり、上からの資本主義化を推進していくために、明治政府が打ち出したスローガンが二つある。殖産興業と、もう一つは何か。

1 富国強兵

★2 明治政府が行なった、資本主義的な産業振興政策を何というか。新産業、新技術を民間に移植し、民間企業を育成しようとするもの。

2 殖産興業政策

★3 殖産興業政策のための政府直営工場を何というか。のちに、これらは政商に払い下げられ、民間の機械制生産を促した。

3 官営模範工場

★4 日本の輸出の中心となっていた製糸業の機械化を目指してつくられた、群馬県の官営模範工場を何というか。2014(平成26)年、世界文化遺産に登録された。

4 富岡製糸場

★5 明治政府が、財政を確立するために行なった租税改革を何というか。課税の標準を地価に変更し、物納から金納に改めた。

5 地租改正

6 明治政府の官僚らと結んで独占的に利益を上げた、特権的な資本家のことを何というか。

6 政商

★7 日本の産業革命は、紡績業を中心にして1890年代に起こり、繊維産業を中心にして資本主義が進展した。日本の資本主義成立と関係の深い戦争は何戦争か。

7 日清戦争

★8 日本の重化学工業が発展していく契機となった、1900年代初めの戦争を何というか。この戦争後、重工業中心の第2次産業革命が起こった。

8 日露戦争

★9 政商は第一次世界大戦の前後に、諸事業を株式会社として独立させ、それらを支配する本社として持株会社を設立し、同族経営のコンツェルンを形成した。これを何というか。

9 財閥

★10 日本の資本主義経済が飛躍的に発展する機会を得た

10 第一次世界大戦

のは，何戦争によってであったか。この戦争ののち，独占資本の本格的発展が起こった。

11 日本の帝国主義政策の始まりは，1931（昭和6）年の中国大陸での事件からである。この事件を何というか。

11 満州事変

★12 1938（昭和13）年の国家総動員法によって，日本経済は自由な経済活動をすることができなくなった。このような経済のことを何というか。

12 統制経済

戦後の経済復興と高度成長

★1 第二次世界大戦後の三大経済改革とは，農地改革，財閥解体，もう一つは何か。これらの経済改革は，日本を占領した連合国によって，経済の民主化と非軍事化のために実施された。

1 労働組合の育成

★2 地主が持っていた土地を国家が強制的に買い上げ，それを小作農に安く売り渡すことによって自作農をつくり出した改革を何というか。

2 農地改革

★★3 財閥の持っていた株式は，持株会社整理委員会を経て一般に売却され，第二次世界大戦前の日本経済を支配していた財閥は壊された。これを何というか。

3 財閥解体

★★4 1947（昭和22）年，財閥などの再現を防ぎ，自由競争を回復させるために制定された法律が二つある。過度経済力集中排除法と，もう一つは何か。

4 独占禁止法

★5 1945（昭和20）年，労働者の権利を守るために制定された法律を何というか。それまで労働運動を弾圧してきた治安維持法は廃止され，労働関係が民主化されていく。

5 労働組合法

★★6 石炭，鉄鋼などの基幹産業に，原材料，資金，労働力を重点的に回し，日本経済を再建しようとした産業政策を何というか。1947（昭和22）年から実施された。

6 傾斜生産方式

★7 産業復興の資金を供給するために設立された政府の金融機関を何というか。この資金は，日本銀行からの借り入れによったため通貨が膨張し，インフレーションを助長した。

7 復興金融金庫（復金）

★8 1948（昭和23）年，激しいインフレを抑制し，日本経

8 経済安定九原則

第3章 日本経済の現状 109

	済を自立させる目的で出された，GHQ（連合国軍最高司令官総司令部）の指令を何というか。	
★★9	1949（昭和24）年から，アメリカ人の手によって実施された，一連の経済政策を何というか。金融，財政の引き締めの策。	9 ドッジ＝ライン
★10	ドッジ＝ラインの目的はインフレの抑制であった。そのための中心的な政策は何であったか。	10 超均衡財政
★11	日本経済を国際経済に結び付けるために，ドッジが行なった政策は何か。	11 単一為替レートの設定
★12	ドッジによって行なわれた単一為替レートの設定で，円とドルとの為替レートはどのように設定されたか。	12 1ドル＝360円
★13	ドッジ＝ラインの一環として税制の改革もなされ，それまでの間接税中心から，直接税中心にかわった。この税制改革を促した勧告を何というか。	13 シャウプ勧告
★14	ドッジ＝ラインによってインフレは抑制されたが，企業倒産や失業など深刻な不況を招いた。これを何というか。	14 安定恐慌
★15	1950（昭和25）年の朝鮮戦争で，アメリカは日本から軍需物資を買い付けたため，日本の深刻な不況は一変し生産が急増した。このときの景気を何というか。	15 特需景気
★★16	1955（昭和30）年頃から1973（昭和48）年までの，日本経済の飛躍的な成長のことを何というか。この間，1958（昭和33）年を除き，名目経済成長率は毎年10％以上であった。	16 高度経済成長
★17	1955（昭和30）年から1957（昭和32）年にかけての好景気を何というか。高度経済成長の開始時期の好景気で，有史以来の好景気という意味が込められた。	17 神武景気
★18	1965（昭和40）年頃までの高度経済成長を支えた要因は何か。これは，貯蓄性向が高かったために可能であった。	18 民間設備投資
★★19	1960（昭和35）年に池田勇人内閣が出した，10年間に実質GNPを2倍にしようとする計画を何というか。高度経済成長の前半期を象徴する計画。	19 国民所得倍増計画
★20	1965（昭和40）年以降の高度経済成長を支えた要因は何か。工業製品の国際競争力が強まったために可能であった。	20 輸出の増大

★21	高度経済成長期で、最も長く続いた好景気を何景気というか。1966(昭和41)年からの好景気。	21 いざなぎ景気
★22	1973(昭和48)年以降、田中角栄内閣による列島改造ブームや石油危機によって、物価が異常な状態で上昇したことを称して何といったか。	22 狂乱物価
★★23	高度経済成長によって、日本の産業構造は第二次・第三次産業中心にかわった。経済活動の中心が、第一次産業から第二次・第三次産業にかわっていくことを何というか。	23 産業構造の高度化
★24	産業構造の高度化は、一般的な傾向である。この傾向を、発見した人の名前を付けて何の法則というか。	24 ペティ・クラークの法則
★★25	農業、林業、水産業、牧畜業を一括して何産業というか。主に原材料を生産している産業のこと。	25 第一次産業
★★26	鉱業、製造業、建設業を一括して何産業というか。主に原材料を加工して製品をつくる産業のこと。	26 第二次産業
★★27	第一次・第二次産業以外の産業を一括して何産業というか。具体的には、卸売業、小売業、金融業、保険業、その他サービス業などが含まれる。	27 第三次産業
★28	卸小売、建設、不動産、運輸通信、サービス、電気、ガスなどの業種を一括して何というか。ものづくり以外の業種を表現するときに使われる用語。	28 非製造業
★29	第二次産業の中の営業、研究開発、デザイン、広告宣伝などの業務や、第三次産業の中での教育、レジャー、情報などの分野が拡大することを称して何というか。	29 経済のサービス化
★30	産業構造の中心が、重化学工業からサービス産業に移動することを称して何というか。	30 経済のソフト化
★★31	1960(昭和35)年からすすめられた、輸入制限の緩和のことを何というか。	31 貿易の自由化
★32	国際収支の悪化を理由に、輸入制限ができない国のことを何というか。日本は1963(昭和38)年から輸入制限できない国に移行した。	32 GATT11条国
★★33	外国資本の流入を原則として制限しないことを何というか。日本は1964(昭和39)年にOECD(経済協力開発機構)に加盟したことにより、この義務が課せられた。	33 資本の自由化

第3章 日本経済の現状

★34 国際収支の悪化を理由に，為替制限ができない国を何というか。 — 34 **IMF 8 条国**

低成長時代

★★1 1986(昭和61)年末から1990(平成2)年半ばまで続いた好景気を，何というか。円高によって増大した民間設備投資や，個人や企業による株式や土地などへの投資の増大によって導かれた。 — 1 **バブル景気**

★★2 土地，株，債券などの資産価格が，投機目的で異常に値上りし，その結果，大きな利益が発生しているようにみえる経済状況を何というか。 — 2 **バブル経済**

★3 銀行などの金融機関以外で貸金業務を営む金融会社を総称して何というか。預金を持たないため，銀行などから資金を借りて貸す会社。バブル期に，金融機関はこの会社を通じて不動産融資を盛んに行なった。 — 3 **ノンバンク**

★★4 企業に貸し付けられた資金の中で，倒産や経営不振により，回収不能か回収が困難となっている債権のことを何というか。バブル経済が崩壊後，これを処理できずに破綻する金融機関があらわれ，金融機関の再編が起こった。 — 4 **不良債権**

★★5 1997(平成9)年から1998(平成10)年にかけて，銀行や証券会社の経営破綻が続き，民間企業では資金繰りができなくなるのではないかという不安が広がった。これを称して何というか。 — 5 **金融不安**

★6 国際業務を営む銀行が破綻することを防ぐため，国際決済銀行は銀行の自己資本比率について国際統一基準を定めている。これを何というか。 — 6 **BIS 規制**

★7 金融機関が，貸し出し姿勢を極端に慎重にし，融資をおさえることを何というか。バブル経済が崩壊した後の不況の時期に多くみられた。 — 7 **貸し渋り**

★8 1991(平成3)年からの，不景気の10年間を称して何というか。バブル経済が崩壊して不景気になり，日本経済が停滞した10年という意味で使われる言葉。 — 8 **「失われた10年」**

★★9 銀行などの金融機関が経営破綻した場合，預金者の預金を全額保障せずに，払い戻す額に上限を設ける — 9 **ペイ＝オフ**

ことを何というか。2010(平成22)年，初めて発動された。

★10 民間銀行が資本不足や資金繰りに陥り，経営破綻が予測される場合に，予防措置として政府が投入する資金のことを何というか。

10 **公的資金**

★11 1996(平成8)年，金融市場の規制を撤廃して金融の自由化をはかるために実施された金融制度改革を何というか。

11 **金融ビッグバン(日本版ビッグバン)**

★12 弱小金融機関を含め，金融機関全体の存続と利益を守ることを主眼として行なわれてきた，日本の金融行政を何方式といったか。

12 **護送船団方式**

★★13 各種金融機関の間の垣根を取り外す，金融業務の自由化と金利の自由化を合わせて，何というか。

13 **金融の自由化**

★★14 各銀行が，独自の判断で預金金利を自由に設定することを何というか。各銀行が金利を自由にすることによって，資金集めに競争の原理が導入される。

14 **金利の自由化**

★15 銀行や証券会社などの業務の垣根を取り外す，自由に金融業務が行なえるようにすることを何というか。

15 **金融業務の自由化**

★16 企業収益の悪化をくい止めるため，不採算部門の整理や人員削減などを行なう経営のことを何というか。

16 **減量経営**

★★17 不況下で行なわれる人員削減策を，何というか。本来は企業収益の悪化をくい止めるための事業の再構築のことであるが，人員を削減して経営体質の改善をはかることがなされる。

17 **リストラクチャリング(リストラ)**

★18 自社の業務の一部を，外部に頼んでやってもらうことを何というか。効率化を求めて，自社では中心的な業務だけを行ない，それ以外の仕事は，外に出すこと。

18 **アウトソーシング(外部委託)**

2 中小企業

★★1 製造業でいうと，資本金3億円以下か従業員300人以下の企業を何というか。小売業の場合は，資本金5000万円以下か従業員50人以下の企業。

1 **中小企業**

★2 中小企業の中でも，特に企業規模の小さいものを何というか。日本では，従業員5人以下という規模の企業が多く存在する。

2 **零細企業**

★3	中小企業の努力目標と，政策の目標を示している法律を何というか。中小企業の憲法ともいうべきもの。1963(昭和38)年に制定。	3 中小企業基本法
★4	大企業に比べて中小企業の賃金は一般的に低い。この大企業との賃金水準の開きを何というか。	4 賃金格差
★5	労働者一人あたりの生産額の割合を何というか。中小企業は一般に，大企業に比べてこの割合が低く，そのため賃金も低くなっている。	5 労働生産性
★6	労働者一人あたりの資本設備額の割合を何というか。機械化の比率のこと。中小企業の労働生産性が低い理由の一つにあげられる。	6 資本装備率
★★7	大企業が請け負った仕事の一部を，中小企業が引き受けて行なうことを何というか。	7 下請け
★★8	中小企業が，特定の大企業に従属的に結び付けられていることを指して何というか。下請けの多くは，この形をとっている。	8 系列化
★★9	近代的な工業と前近代的な第一次産業の併存，及び大企業と中小企業が併存している日本経済のしくみを指して何というか。	9 二重構造
10	製造業の中小企業は，大企業との競争だけでなく，近年では，中国やマレーシア，タイ，ベトナムなどの外国製品との価格競争に追われている。こうした国々の製品の価格が安いのはなぜか。	10 安い労働力を用いているから
★11	特定の地方において，その地方の資源や労働力を活用して発展し，定着している産業を何というか。	11 地場(じば)産業
★12	先端技術の分野や情報産業などにおいて，高度な技術や独創的なアイデアで，意欲的な企業経営を展開する中小企業を何というか。	12 ベンチャー＝ビジネス
★13	大企業が見逃していたり，対応できないでいた領域で，中小企業が独自の技術で柔軟に対応して，収益を上げている産業のことを何というか。「すきま産業」ともいう。	13 ニッチ産業

3　農業

★★1	農業基本法にかわって1999(平成11)年に制定された，農業政策の基本となる法律を何というか。	1 食料・農業・農村基本法

★ 2	食料・農業・農村基本法は三つの目標を掲げている。農業の持続的発展、農村の振興、もう一つは何か。	2 食料の安定供給
★ 3	生産した農産物のほとんどが自家用で、経営耕地面積も30a以下の農家を何というか。	3 自給的農家
★★ 4	経営耕地面積が30a以上、または農作物販売額が50万円以上ある農家を何というか。全農家のうち、自給的農家を除いた農家。2014(平成26)年現在、約140万戸である。	4 販売農家
★★ 5	販売農家のうち、農業所得が主で、65歳未満の農業従事60日以上の者がいる農家を何というか。2014年現在、約30万戸である。	5 主業農家
6	販売農家のうち、65歳未満の農業従事60日以上の者がいるが、農外所得を主とする農家を何というか。2014年現在、約30万戸である。	6 準主業農家
★ 7	販売農家のうち、65歳未満の農業従事60日以上の者がいない農家を何というか。2014年現在、約80万戸である。	7 副業的農家
★ 8	農業人口の減少、主業農家の減少に加えて、農業に従事する若年労働者が減少している。若年労働者が減少したために起こっていることは何か。	8 農業経営の高齢化
★ 9	長年、日本とアメリカとの間の懸案とされてきた農産物で、1993(平成5)年に完全自由化となったものが二つある。オレンジともう一つは何か。	9 牛肉
★ 10	日本とアメリカとの間の米問題は、1993年末に決着した。何という交渉の場で決着したか。	10 ウルグアイ=ラウンド
★★ 11	ウルグアイ=ラウンドで合意された、農産物に関しての原則を何というか。	11 例外なき関税化
★ 12	1999年、日本は米に関して、数量制限などの輸入障壁をすべて関税に置き換え、関税を払いさえすれば、だれでも自由に輸入できる制度にした。これを何というか。	12 米の関税化
13	日本は、多くの農産品に対して、輸入量が一定量以上に達すると関税率がはね上がる制度を実施している。こうした制度を何というか。	13 関税割当制
★★ 14	米について、政府が管理してきた制度を何というか。1942(昭和17)年に制定された法律に基づき、原則と	14 食糧管理制度(食管制度)

★★15 食管制度のもとで実施してきた、米の生産調整策を何というか。米の消費量が減少し、米の過剰が問題となったためにとられた政策。現在も続いている。して、生産された米は政府が買い上げて流通させる制度。1995(平成7)年、全面的な改革が行なわれた。

15 **減反政策**

★★16 ウルグアイ＝ラウンドの合意に伴って新たに制定された、米の需給と価格安定を目的とする法律を何というか。1995年から施行。米の生産、流通は大幅に自由化された。1942(昭和17)年以来の食糧管理法は廃止された。

16 **新食糧法(食糧需給価格安定法)**

★17 食料消費量のうち、どの程度国内で自給されているかを示す割合を何というか。日本は、この割合が低い。

17 **食料自給率**

★18 日本の食の安全保障を確かなものにするためには、食料自給率を高めることが必要である、という議論を何というか。

18 **食料安全保障論**

★19 遺伝子組み換えなどの技術により、農作物の品種改良や新薬の開発などを行なう生命工学のことを何というか。

19 **バイオテクノロジー**

★20 食品がどこで生産され、どのような流通経路を経て店頭に並んでいるかを明らかにすることを何というか。食の安全性への高まりから、この動きが増えている。

20 **トレーサビリティ**

4 エネルギー

★1 熱を発生したり、仕事をしたりする能力のことを何というか。蒸気機関に利用される熱エネルギー、水力発電に利用される位置エネルギー、ソーラー発電に利用される光エネルギーなど様々な形態がある。

1 **エネルギー**

★★2 石炭、石油、天然ガスなど、地質時代の動植物が地中で炭化した燃料を何というか。燃焼した際に発生する二酸化炭素は、地球温暖化の原因となっている。

2 **化石燃料**

★3 2011(平成23)年以来、日本では原子力発電が大幅に減少し、火力発電が増えている。そのため、化石燃料の消費が増えているが、それによって、日本の貿易収支はどのように変化しているか。

3 **赤字に転換**

★★ 4	ウランやプルトニウムなどの核分裂時に発生する熱で水を沸騰させ、その蒸気でタービンを回す発電方法を何というか。	4 原子力発電(原発)
★ 5	原子力発電所は万全の安全対策がほどこされており、万一、放射能漏れなどが起きても、外部に拡散することはあり得ないと、安全性を賞賛してきたことを称して何というか。	5 安全神話
6	原子力発電は、化石燃料を用いる火力発電よりも環境に優しいといわれてきた。なぜ、そのようにいわれてきたのか。	6 二酸化炭素などを排出しないから
★ 7	2011(平成23)年、地震による津波で原子力発電所の冷却装置が故障し、炉心が溶融して広い範囲で放射能汚染が起こった。どこの原子力発電所で起こったことか。	7 東京電力福島第一原子力発電所
★★ 8	自然界によって、たえず補充されるエネルギーのことを何というか。具体的には、太陽光、風力、潮力、地熱など。	8 再生可能エネルギー
★ 9	再生可能エネルギー、例えば風力で発電された電気を、その地域の電力会社が一定価格で買い取ることを国が約束する制度を何というか。	9 固定価格買取制度
★10	電力会社の発電事業と送電事業を分離することを何というか。地域的に偏在する再生可能エネルギー発電を活用するには、既存の送電網を越えて送電する必要がある。	10 発送電分離
★11	電気と熱を同時につくり出すシステムのことを、何というか。発電機で電気をつくる際に発生する熱を、冷暖房や給湯に用いるシステム。	11 コージェネレーション(熱電併給)

第Ⅱ部 現代の経済

第4章 国民福祉

1 消費者保護

★ **1** 消費者が生産のあり方を最終的に決定する力を持っている，という考え方を何というか。消費の動向が，市場機構を通じて生産のあり方を決めるべきであるとする考え方。 — **1 消費者主権**

★ **2** 1962年，アメリカ大統領ケネディは，消費者の四つの権利を認め，消費者行政を推進する宣言を行なった。四つの権利とは，知らされる権利，選択できる権利，意見を反映させる権利，もう一つは何か。 — **2 安全を求める権利**

★★ **3** 消費者の立場を保護するために，国や地方公共団体及び企業の責任を明記した法律を何というか。1968（昭和43）年に制定。 — **3 消費者保護基本法**

★ **4** 消費者が団結して，消費生活の防衛，改善，充実をはかろうとする運動を何というか。当初の運動としては，欠陥商品，有害商品などの告発や不買運動などがあった。 — **4 消費者運動（コンシューマリズム）**

★ **5** 今日の消費者運動は，大きく二つの方向がある。消費者保護行政の推進と，もう一つは何か。 — **5 生活協同組合の運動**

★ **6** 消費者保護のため，商品テストや商品の苦情処理などを行なう地方公共団体の機関を何というか。 — **6 消費者生活センター（消費者センター）**

★★ **7** 訪問販売や割賦販売で，強引な勧誘に乗せられて契約してしまった場合でも，一定期間内なら無条件で契約の取り消しができる制度を何というか。 — **7 クーリングオフ制度**

★ **8** 不適正な販売方法や契約内容であれば，消費者が売買契約の取り消しができることを定めた法律を何というか。2001（平成13）年から施行。 — **8 消費者契約法**

★★ **9** 消費者が，企業や販売人から受ける被害を総称して何問題というか。森永ヒ素ミルク事件，サリドマイド薬害事件，スモン事件などは典型的な例。 — **9 消費者問題**

★ **10** サリドマイド社の睡眠薬を飲んだ妊婦が，先天的障害のある子どもを出産した薬害事件を何というか。 — **10 サリドマイド薬害事件**

★ **11** 汚染された非加熱血液製剤を使用したことにより， — **11 HIV薬害事件**

血友病の患者がHIVに感染した薬害事件を何というか。

★12 注文もしていないのに勝手に商品を送り付けて，返品をしないと代金を請求してくる悪質商法を何というか。消費者問題には，そのほか，マルチ商法や悪質訪問販売などがある。

12 ネガティブオプション

★13 あとで返す約束をして，お金を借りることを何というか。借りる人が個人の場合，「消費者金融」ともいう。

13 ローン

★14 商品を買って，その代金をあとで支払うことを何というか。

14 クレジット

★15 ローンとクレジットを合わせて何というか。ローンもクレジットも借金であり，将来の収入から返済することになる。

15 消費者信用

★16 本人の申し立てによって裁判所が破産宣告を行なうことを何というか。クレジットの使い過ぎなどで増えている。

16 自己破産

★17 欠陥商品によって消費者が損害を受けた場合，メーカーに損害賠償を負わせることができる法律を何というか。消費者保護の立場から，商品の欠陥が明らかになればメーカーに責任を負わせる。

17 製造物責任法（PL法）

2 公害問題と環境保護

日本の公害問題

★1 経済活動に伴って，特定地域の不特定多数の人々に，肉体的，精神的，経済的な被害を与えることを何というか。生活環境が破壊されて，被害が発生するもの。

1 公害

★2 公害対策基本法であげている公害は七つある。水質汚濁，土壌汚染，地盤沈下，悪臭，騒音，振動，もう一つは何か。

2 大気汚染

★3 公害対策基本法では取り上げられていないが，生活環境が破壊されるとして，近年，特に問題となっているのは何か。

3 放射能汚染

★4 近年，話題になっている非常に小さい粒子による大

4 PM2.5

第4章 国民福祉 119

気汚染を何というか。呼吸器系や循環器系への影響が心配されている。

★★ 5 日本で産業公害が起こったのは、どのような経済状態の時期であったか。 — 5 高度経済成長

★★ 6 都市の過密から起こる公害を何というか。車の騒音、振動や排出ガスによる大気汚染、家庭用洗剤による水質汚濁など。 — 6 都市公害

★ 7 日本の公害の原点とされる明治時代の事件を何というか。この事件の解決に努力した人物が田中正造である。 — 7 足尾銅山鉱毒事件

★★ 8 第二次世界大戦後の高度経済成長に伴って発生した四大公害とは、イタイイタイ病、新潟水俣病、四日市ぜんそく、もう一つは何か。 — 8 水俣病

★ 9 1953（昭和28）年頃から1960（昭和35）年にかけて発生した水俣病は、昭和時代における日本の公害の原点である。発生した地域はどこか。 — 9 熊本県水俣湾周辺

★ 10 水俣病は、工場からの排水に含まれる物質が原因であった。この物質とは何か。 — 10 有機水銀

★ 11 イタイイタイ病は、骨がもろくなり「痛い痛い」といって死んでいくところから付けられた通称である。この公害が発生した地域はどこか。 — 11 富山県神通川流域

★ 12 新潟水俣病は、四大公害裁判の中で、最初に裁判に持ち込まれた事件である。この公害が発生した地域は新潟県のどこか。 — 12 阿賀野川流域

★ 13 1961（昭和36）年頃から三重県四日市市の石油コンビナート周辺で起きた公害が、通称、「四日市ぜんそく」と呼ばれるものである。この公害の原因は何か。 — 13 亜硫酸ガス

★★ 14 公害関連費用は、公害を引き起こした汚染者が負担すべきである、とする原則を何というか。1972年、OECD（経済協力開発機構）の環境委員会で決議されたもの。 — 14 汚染者負担の原則（PPP）

★ 15 故意や過失の有無にかかわらず、公害による被害が発生した場合、発生源の企業にその損害を賠償する責任を負わせる考え方を何というか。日本では、1972（昭和47）年に確立した。 — 15 無過失責任主義

★ 16 企業の生産活動によって、市場を通さずに直接第三 — 16 外部不経済（外部負

	者に不利益を与えることを何というか。大気汚染などの公害が典型例。	経済)
★17	公害のような外部不経済を処理する費用を何というか。不特定多数の者によって河川が汚染された場合，それをきれいにするのは，社会全体の費用で賄っている。	17 社会的費用
★★18	国民はすべて良好な環境のもとで生活する権利がある，として主張されている新しい人権を何というか。	18 環境権
★19	環境汚染の最大許容限度のことを何というか。これは，自然の持つ浄化作用の能力を超えないことが必要である。	19 環境基準
★★20	工場の排煙や排水などに含まれる有害物質の濃度を制限して，環境汚染を防止しようとすることを何というか。	20 濃度規制
★★21	濃度を規制する環境基準では，全体として自然の持つ浄化作用の能力を超えてしまう場合が起こる。そこで全体の汚染量を規制しようとすることを何というか。	21 総量規制
★★22	地域開発や公共事業を行なう場合，事前に自然破壊度や影響を調査して，公害発生を未然に防ぐための評価制度を何というか。	22 環境アセスメント
★23	事業活動に伴って生じる廃棄物を何というか。これが不法投棄や不法処理されると，環境汚染が引き起こされる。	23 産業廃棄物
★★24	廃棄物の発生を抑制し，再使用や再利用を行なって，資源を廃棄しないで循環して使っていこうとする社会を何というか。	24 資源循環型社会
★25	ごみの焼却や化学物質の合成過程などで発生する，有機塩素化合物による汚染を何というか。汚染された食物などは，きわめて強い毒性があり，人体への影響が深刻である。	25 ダイオキシン汚染
★★26	公害防止と資源の有効利用を目指して，廃棄物から有用物質を回収したり，廃棄物をエネルギーにかえようとしたりすることを何というか。	26 リサイクル(再利用)
★27	冷蔵庫，エアコン，洗濯機，テレビの4品目については，メーカーに再商品化を義務付け，消費者にも	27 家電リサイクル法

	リサイクルの費用負担を求めている。これを定めている法律を何というか。	
★28	びん，かん，ペットボトル，段ボールなどのリサイクルを定めた法律を何というか。	28 容器包装リサイクル法
★29	一度，使用した物をそのまま再利用することを何というか。	29 リユース（再使用）
★★30	1993（平成5）年，従来の公害対策基本法を発展させて，環境保全に関する国の基本的な方向を示すために制定された法律を何というか。環境への負荷が少ない，持続的発展が可能な社会の構築を目指している。	30 環境基本法
★31	貴重な自然や歴史的建造物などを守るため，国民からの寄付を資金にして，それらを買い取り，保存や管理していく運動を何というか。	31 ナショナル＝トラスト

地球環境問題

★★1	経済成長に伴って資源を大量に消費するようになると，人間を含む地球全体の動植物に，重大な影響を及ぼす問題が起こってくる。この問題を何というか。	1 地球環境問題
★2	環境問題は，世界的な規模で考えるべきであるとして，「かけがえのない地球」をスローガンに，1972年，スウェーデンのストックホルムで開かれた会議を何というか。	2 国連人間環境会議
★3	国連人間環境会議で採択された宣言を何というか。国際的に公害を防止して，人間の住みよい環境をつくるための宣言。	3 人間環境宣言
★4	国連人間環境会議で決議されて設立された，環境保護を目的とする国連の機関を何というか。本部はケニアのナイロビ。	4 UNEP（国連環境計画）
5	先進国の企業が，国内のきびしい環境基準から逃れて，まだ環境政策が不十分な発展途上国で生産活動を展開することを非難して何というか。	5 公害輸出
★★6	大気中の二酸化炭素の増大で起こっている，地球環境の変化現象を何というか。石炭や石油の使用増大や，熱帯雨林の消失などによって起こっている。	6 温暖化現象
★7	大気中の硫黄酸化物や窒素酸化物が雨水に溶け込ん	7 酸性雨

で地上に降り、森林などに被害を及ぼす雨のことを何というか。国境を越える国際的な公害問題。

★8 森林や草原が、植物の育たない不毛の土地に変化することを何というか。人口増加や都市化に伴って森林が伐採されたり、家畜の過剰な放牧が行なわれたりすることによって拡大している。

8 砂漠化

★9 フロンガスの消費によって、地球を取り巻くオゾン層が薄くなることを何というか。地表に届く紫外線の量が増加し、人間や動植物に重大な影響を及ぼす。

9 オゾン層破壊

★10 オゾン層を破壊するとして、国際的な使用規制をしているガスを何というか。国境を越える国際的な公害問題となっている。

10 フロンガス

★11 オゾン層保護のため、フロンガスなどのオゾン層を破壊する恐れのある物質を規制する議定書を何というか。1985年のウィーン条約に基づいて採択された。

11 モントリオール議定書

★★12 1992年、ブラジルのリオデジャネイロで開かれた、環境と開発に関する国連会議を何というか。1972年、スウェーデンのストックホルムでの会議の20周年を記念して開かれた。

12 国連環境開発会議（地球サミット）

★★13 地球サミットでは、開発に関する諸原則が「環境と開発に関するリオ宣言」として採択された。開発に関する国連の考え方は何と表現されているか。

13 持続可能な開発（持続可能な発展）

★★14 1997年、気候変動枠組み条約の第3回締約国会議（COP3）で採択された議定書を何というか。2012年までに、温室効果ガスを削減することを決めた議定書。現在は、この議定書をもとに、2020年までに新たな国際協定をつくることになっている。

14 京都議定書

★★15 地球サミットで採択された、地球温暖化防止対策の国際的な枠組みを定めた条約を何というか。温暖化の要因である温室効果ガスの排出量を規制しようとしている。

15 気候変動枠組み条約（地球温暖化防止条約）

★16 二酸化炭素、フロン、メタンなど、地球温暖化に影響を及ぼす気体を何というか。

16 温室効果ガス

★17 汚染物質の排出量の上限を各国ごとに設定し、上限を超えた国は上限に達していない国から余剰分を買い取ることができる制度を何というか。国内でも、

17 排出量取り引き

同様の買い取り制度が実施されている。

★18 21世紀に向けて、環境と開発に関するリオ宣言を遵守し実行するための、具体的な行動計画をまとめたものを何というか。

18 **アジェンダ21**

★19 地球サミットから10年目にあたる2002年、アジェンダ21の計画の見直しや新たに生じた環境課題などについて議論するため、南アフリカのヨハネスブルグで開かれた会議を何というか。

19 **環境開発サミット**

★★20 地球サミット後の1993(平成5)年、日本では、地球環境の保全を視野に入れた新たな法律が制定された。この法律を何というか。この法律の制定で、公害対策基本法は廃止された。

20 **環境基本法**

★21 国民の環境保全に対する意識、意欲を高め、持続可能な社会づくりにつなげることを目的とする法律を何というか。2003(平成15)年に成立。

21 **環境教育推進法**

★22 ある地域に住むすべての生物群と、それらを取り巻く環境要因とを、一体としてみた体系を何というか。

22 **生態系(エコシステム)**

3 労使関係と労働市場

世界の労働運動

★1 労働者と資本家(使用者)との関係を何というか。形式的には、自由意思に基づく労働力売買の契約関係である。

1 **労使関係**

★2 人間の労働力という特殊な商品の価格(賃金)が決定される機構のことを何というか。

2 **労働市場**

★★3 資本家と労働者は形式的には対等であるが、実質的には生産手段を持たない労働者は不利な立場にある。労働者の不利な立場を改善しようとして起こった運動を何というか。

3 **労働運動**

★4 19世紀初め、イギリスの織物工業地帯で起こった労働運動を何というか。団結の合法性も政治に参加する手段もなかった時代の労働運動。

4 **ラッダイト運動(機械打ちこわし運動)**

★5 世界で最初の、労働者を保護することを定めた法律を何というか。1833年、イギリスで制定された。

5 **工場法**

★6 1848年にマルクスとエンゲルスが発表した、共産主

6 **『共産党宣言』**

義の目的と見解を明らかにした文書を何というか。すべての歴史は階級闘争の歴史であるとして，労働者階級の団結を呼びかけた。

★ 7 マルクスらの指導で1864年に結成された，最初の国際労働者組織を何というか。労働運動の国際的なつながりが始まった。

7 第１インターナショナル（国際労働者協会）

★★ 8 労働立法や労働条件の改善を国際的に実現するために設立された機関を何というか。1919年，国際連盟の自治的機関として設立され，現在は，国連の専門機関である。

8 ILO（国際労働機関）

★ 9 1935年，ニューディール政策の一環として制定されたアメリカの労働法を何というか。労働者の団結権，団体交渉権を認め，不当労働行為を禁止した。

9 ワグナー法

★ 10 1947年，第二次世界大戦後の労働攻勢をおさえるために制定されたアメリカの労働法を何というか。ストライキ制限法。

10 タフト＝ハートレー法

日本の労働運動

★ 1 日本における労働運動は，明治20年代の何戦争の頃から起こってきたか。軽工業による産業革命が起こり，資本主義経済が成立する頃の戦争。

1 日清戦争

★ 2 1900（明治33）年，労働運動や社会主義運動の高まりをおさえるために制定された法律を何というか。集会，結社，言論の取り締まりに用いられた。

2 治安警察法

★ 3 日本における最初の労働者保護法を何というか。1911（明治44）年に制定されたが，保護政策は著しく立ち遅れていた。

3 工場法

★ 4 1912（大正元）年，鈴木文治らによって設立された労働団体を何というか。その後の労働組合運動の母体となり，全国組織として発展していった。労使協調を唱えた。

4 友愛会

★★ 5 1925（大正14）年，社会主義運動や労働運動を弾圧するために制定された法律を何というか。のちに改正されて，死刑や予防拘禁制が追加された。

5 治安維持法

★ 6 1938（昭和13）年，戦争に向けてすべてを運用するために制定された法律を何というか。これによって，

6 国家総動員法

第4章 国民福祉 125

戦前の日本の労働運動は終戦まで完全におさえ込まれた。

労働基本権と労働三法

★★ **1** 憲法第27条の勤労権と，第28条の団結権，団体交渉権，団体行動権（争議権）を総称して何というか。

★ **2** 憲法第28条で保障している団結権，団体交渉権，団体行動権を一まとめにして何というか。

★★ **3** 労働者が労働条件を維持，改善するために，労働組合を組織する権利を何というか。

★★ **4** 労働者が団結して，労働条件の改善などのために，使用者側と交渉する権利を何というか。

★★ **5** 団体交渉で労働者の主張が認められなかった場合，労働者は団結して行動を起こす権利が保障されている。この権利を何というか。

★★ **6** 労働者が団結して作業を放棄し，使用者に経済的打撃を与えて要求の貫徹をはかる争議行為を何というか。

★ **7** 労働者が意識的に作業能率を低下させる争議行為を何というか。

★★ **8** 労働者の権利を守るための基本的な労働法は三つある。労働基準法，労働組合法，もう一つは何か。

★★ **9** 労働者が人たるに値する生活を営むという観点から，労働条件の最低基準を定めた法律を何というか。賃金，労働時間，休憩などについて定めている。1947（昭和22）年に制定された。

★ **10** 労働基準法を補完する，賃金に関する法律を何というか。

★ **11** 職場において，女性が差別を受けずに男性と同等に仕事ができるように，また女性が家庭と仕事の両立ができるように，との目的で作られた法律を何というか。1986年に施行された。

12 男女雇用機会均等法は1997（平成9）年に改正され，募集や採用などで女性を差別しない規定が，努力規定から禁止規定になった。この改正によって，労働基準法のどのような規定が廃止されたか。

1 **労働基本権**

2 **労働三権**

3 **団結権**

4 **団体交渉権**

5 **団体行動権（争議権）**

6 **ストライキ（同盟罷業）**

7 **サボタージュ（怠業）**

8 **労働関係調整法**

9 **労働基準法**

10 **最低賃金法**

11 **男女雇用機会均等法**

12 **女性労働者の保護規定**

★13 労働基準法が定める労働条件を守らせるために設置されている監督官庁は厚生労働省の労働基準局であるが，直接，事業場に対する監督を行なっているのはどこか。

13 労働基準監督署

★★14 1歳未満の子どもの育児のためや，介護を必要としている家族のために，休暇をとること(休業)を保障する法律を何というか。使用者は休暇をとることを拒否できない。

14 育児・介護休業法

★★15 1945(昭和20)年，労働者の権利を具体的に保障するために制定された法律を何というか。労働者が組合をつくり，団体交渉によって労働協約を結ぶ権利などを規定している。

15 労働組合法

★★16 労働者が主体となって，自主的に労働条件の維持，改善，そのほか経済的地位の向上をはかることを目的として組織する団体を何というか。

16 労働組合

★17 労働組合と使用者との間で結ばれた，労働条件に関する取り決めを何というか。これは，労働者個人が使用者と結んだ労働契約よりも優先する。

17 労働協約

★★18 使用者が，労働者の正当な組合活動を妨害する行為を何というか。これは，労働組合法によって禁止されている。

18 不当労働行為

★19 正当な争議行為に対しては刑罰や損害賠償を請求されないと労働組合法は規定している。これを何というか。

19 刑事免責と民事免責

★★20 会社ごとの労働者によって組織される労働組合を何というか。日本の労働組合の特徴。このため企業規模の小さい会社では，組合を結成することが困難となる。

20 企業別労働組合

★21 欧米で多くみられる労働組合の形態は二つある。産業別労働組合と，もう一つは何か。

21 職業別労働組合

★★22 企業ごとの労働組合や官公労働者の労働組合が集まってつくっている，日本最大の全国組織を何というか。

22 連合(日本労働組合総連合会)

23 労働組合と使用者との協定により，従業員資格と組合員資格との関係を定めたものを何というか。

23 ショップ制

★★24 争議行為の予防，あるいは解決をはかるための法律

24 労働関係調整法

第4章 国民福祉 127

を何というか。1946(昭和21)年に制定された。

★★25 労働争議の紛争処理にあたる委員会を何というか。この委員会は，労働組合法によって規定されており，不当労働行為の判定にもあたる。

25 **労働委員会**

★26 労働委員会の構成メンバーは三つからなる。労働者委員，使用者委員，もう一つは何委員か。

26 **公益(こうえき)委員**

★★27 労働委員会が行なう労働争議収拾(しゅうしゅう)の方法は三つある。労働組合と使用者双方の主張の要点を確かめ，自主的な紛争の解決を促す労働委員会の作業を何というか。

27 **斡旋(あっせん)**

★★28 労使双方の意見を聞いて解決案を作成し，その受諾(じゅだく)を勧告する労働委員会の作業を何というか。解決案を受諾するか否かは，労使双方とも自由である。

28 **調停**

★★29 公益(こうえき)委員だけで，書面による裁定を下して紛争を終結させる作業を何というか。この裁定には労使双方とも従わなければならず，労働協約と同じ効力を持つ。

29 **仲裁**

30 労働関係調整法は，民間の一般企業で働く労働者に対しても，争議権を一部制限している。それはどういう理由からか。

30 **安全を保持する義務があるから**

★31 労働関係調整法は，鉄道やバスなどの公益事業に従事する労働者が争議行為をするときには，特別の制限を課している。その制限とはどのようなことか。

31 **10日前までに予告**

★32 1948(昭和23)年，GHQ(連合国軍最高司令官総司令部)の指示で公布された，官公労働者の争議権を全面禁止する法令を何というか。これは1952(昭和27)年に失効したが，その内容は公務員法に受け継がれた。

32 **政令201号**

★33 国家公務員や地方公務員の争議権を全面禁止している法律を何というか。これは，憲法第28条違反であるとの意見がある。

33 **国家公務員法，地方公務員法**

★34 争議権のない国家公務員の労働条件を確保するための，代償(だいしょう)措置を何というか。国会と内閣に対して，毎年1回改善を勧告する。地方公務員に対しては人事(じんじ)委員会が行なう。

34 **人事(じんじ)院勧告制度**

雇用関係の変化

1 新規学卒者を正社員として採用し，定年まで雇用する慣行を何というか。1990年代以降，この日本的な雇用制度の維持が困難になっている。
 → 1 終身雇用制

2 年齢，学歴，勤続年数などによって，賃金が定められている賃金制度を何というか。近年，廃止する会社が増えている。
 → 2 年功序列型賃金制度

3 毎年，春先に，各組合が歩調をそろえて，賃上げなどを要求する闘争を何というか。1990年代後半からは，不況によりこの形の闘争は減少している。
 → 3 春闘

4 正規労働者に比べて，労働時間が短い労働者を何というか。長期雇用を前提としておらず，賃金も正規労働者に比べ安い場合が多い。
 → 4 パートタイム労働者

5 労働者派遣事業者に雇われていて，そこから企業に派遣されて働く人々を何というか。労働する期間や時間帯が選べるという利点はあるが，正規労働者よりも賃金が安いなどの欠点がある。
 → 5 派遣労働者

6 正規労働者（正社員）とは異なり，期間を定めて雇用契約を結び，常勤で働く社員を何というか。
 → 6 契約社員

7 パートタイム労働者，派遣労働者，契約社員，アルバイトなどで働く人々を総称して何というか。
 → 7 非正規労働者

8 解雇や賃金不払いなど，労働者と使用者との間で起こる個別の争いについて，裁判所で解決する制度を何というか。2004（平成16）年に制定された労働審判法で創設された。
 → 8 労働審判制度

9 労働基準法で明記されていなかった，労働契約や解雇などについてのルールを定めた法律を何というか。2007（平成19）年に制定された。
 → 9 労働契約法

10 定められた労働時間を勤務すれば，始業または終業時間は自由に決められる勤務制度を何というか。自由勤務時間制。
 → 10 フレックスタイム制

11 失業者を減らすため，一人あたりの実労働時間を少なくして，多くの人が働けるようにすることを何というか。
 → 11 ワークシェアリング

12 働きすぎが原因で，突然に死亡することを何という
 → 12 過労死

	か。残業の連続や日曜出勤などで，肉体的にも精神的にも疲労が蓄積し，突然死するもの。	
★13	勤務時間の終了後に，残業手当の支給なしに働かされることを何というか。労働基準法違反である。	13 サービス残業
★14	性的嫌がらせによって，仕事上で不利益を与えたり，職場環境を悪化させたりすることを何というか。男女雇用機会均等法によって，雇用主にはこれを防止する配慮義務が課せられている。	14 セクシュアル＝ハラスメント（セクハラ）
★15	職場の上司が，その権限を利用して，嫌がらせを行なうことを何というか。	15 パワー＝ハラスメント（パワハラ）
★16	外国人が正式な許可を得ないで，日本国内で働くことを何というか。観光ビザで入国して働く場合や，残留期限を超えて日本に残留して働いている場合などがある。	16 不法就労

4　社会保障

欧米の社会保障のあゆみ

★★1	貧困の社会的性格に注目して，国家が国民の最低生活を保障しようとすることを何というか。	1 社会保障
★2	1601年，イギリスで制定された救貧施策の法を何というか。貧民の生活を救済するというよりは，懲罰的な意味合いが強かった。	2 エリザベス救貧法
★3	世界で最初の社会保険制度は，ドイツの宰相ビスマルクによって創設された。1883年の最初の保険を何というか。	3 疾病保険
★4	ビスマルクの社会保険制度は，社会主義運動弾圧の代償措置として実施されたものである。そこで，ビスマルクの政策を称して何というか。	4 アメとムチの政策
★5	1911年，イギリスで国民保険法が制定されたが，これは何保険の始まりか。	5 失業保険
★★6	1935年，ニューディール政策の一環としてアメリカで制定された，失業や生活不安を解消するための法律を何というか。	6 社会保障法
★★7	第二次世界大戦後，イギリスの社会保障制度のもととなった報告書を何というか。チャーチル内閣のと	7 ベバリッジ報告

きに出されたが，1948年のアトリー内閣から実施された。

★★ 8 ベバリッジ報告を受けて発表された政府の社会保障案について，チャーチルは何という言葉を用いて説明したか。　　8 「ゆりかごから墓場まで」

★ 9 国が国民全体に対して保障すべき，必要最低限の生活水準のことを何というか。　　9 ナショナル＝ミニマム

★10 1944年，ILO（国際労働機関）で社会保障の国際的な基準を示した宣言が採択された。これを何というか。　　10 フィラデルフィア宣言

★★11 第二次世界大戦後，社会保障制度が各国で展開され，その対象も全国民に広がってきている。今日では，社会保障はどのような権利を保障するものとして考えられているか。　　11 生存権（社会権）

日本の社会保障制度

★ 1 日本で最初の社会保険制度は何保険か。第一次世界大戦後の1922（大正11）年に制定され，1927（昭和2）年から実施された。　　1 健康保険

★★ 2 日本国憲法は，国の社会保障の義務を規定している。第何条に規定しているか。　　2 憲法第25条

★★ 3 最低の生活水準を維持できない人々に援助を与え，自立を助けようとする制度を何というか。憲法第25条に基づく生活保護が中心で，全額税金で賄われる。　　3 公的扶助

★★ 4 生活保護基準が低すぎる実態は，憲法第25条に違反するのではないかとして争われた訴訟を何というか。生活保護基準は現在，行政権の裁量（判断）に任されている。　　4 朝日訴訟

★★ 5 病気や失業などで生活が困難となった場合に，最低生活を保障しようとする保険制度を何というか。日本の社会保障制度の中心となっているもの。　　5 社会保険

★ 6 社会保険の費用は，本人と事業主が一部を負担するが，残りは国が負担している。国が負担している費用は，一般会計予算の何という項目で示されるか。　　6 社会保障関係費

★ 7 日本の社会保険は5種類ある。健康保険，年金保険，雇用保険，労災保険，もう一つは何か。　　7 介護保険

★ 8 健康保険には，会社員が加入する組合健康保険，農　　8 共済組合

第4章 国民福祉 131

業や自営業などの人の国民健康保険，老人健康保険などがある。このほか，公務員の人々が加入するものを何というか。

★★9 老齢，障害，生計中心者の死亡などによって，収入がなくなったときに支払われる保険を何というか。

9 年金保険

★★10 民間企業で働く人々が加入する年金保険を何というか。

10 厚生年金

★★11 働く能力と意思がありながら就職できない場合に，最低生活を保障しようとする保険を何というか。

11 雇用(こよう)保険

★12 労働者の業務上の災害に対して保障する保険を何というか。この保険料は，雇用主のみが支払う。

12 労災保険(労働者災害補償保険)

★★13 高齢者に介護サービスを提供する社会保険制度のことを何というか。2000(平成12)年から実施された。

13 介護保険

★14 1961(昭和36)年から，すべての国民がいずれかの健康保険に加入しており，すべての国民が何らかの健康保険でカバーされることになった。これを何というか。

14 国民皆保険

★15 国民年金(基礎年金制度)は，すべての国民が対象で強制加入である。保険料を支払う年齢は，何歳から何歳までか。

15 満20歳以上60歳未満

★16 現在の国民年金の財源は，実質，何方式で賄われているか。年金給付に必要な費用を，現役世代の人々が払う保険料で賄う方式。

16 賦課(ふか)方式

★★17 児童，老人，身体障がい者など，生活力の弱い人々を援助する目的で，施設，サービスなどを提供することを何というか。

17 社会福祉

★18 医療や生活環境整備により，国民の健康を向上させていこうとする制度を何というか。具体的には，保健所が中心となって活動している。

18 公衆衛生

★19 学校や病院，官公庁施設などで，他人のたばこの煙を吸わされることのないようにしなければならないと定めている法律を何というか。

19 健康増進法

★★20 障がい者もそうでない人も，高齢者も若者も，ともに暮らしていく社会こそがノーマルであるという考え方を何というか。

20 ノーマライゼーション

★21 満65歳以上の人々の割合が14％以上の社会のことを

21 高齢社会

何というか。日本はすでに25%を超えている。

★★22 出生率の低下で子どもの数が少なくなり、一方で高齢者の数が増えている社会を何というか。

22 **少子高齢社会**

★23 一人の女性が、一生に平均何人の子どもを出産するかを示す数値を何というか。日本ではこの数値が低く、少子化がすすんでおり、人口減少も起こっている。

23 **合計特殊出生率**

★24 障がい者や高齢者に、日常生活を支援するサービスを何というか。

24 **福祉サービス**

★25 障がいのある高齢者に、日帰りで老人ホームなどの利用や、食事、入浴、リハビリなどを提供するサービスのことを何というか。

25 **デイケア**

★26 自宅で家族によってなされている介護や看護を、社会的に補う福祉サービスを何というか。具体的には、ホームヘルパーの派遣などがある。

26 **在宅ケア**

★27 病気の老人など、普通に日常生活を送ることが困難な人の家庭を訪問して、家事の援助や介護をする人のことを何というか。

27 **ホームヘルパー**

★28 障がい者や高齢者が、交通機関、道路、建物などを利用する際に妨げとなる、様々な障害を取り除くことを何というか。

28 **バリアフリー**

第Ⅱ部 現代の経済

第5章 国際経済と国際協力

1 国際経済のしくみ

貿易

★ **1** 国民経済を単位として，国家間で行なわれる経済を何というか。「世界経済」ともいわれる。 — **1 国際経済**

★★ **2** 各国がそれぞれ有利な商品に生産を特化し，貿易を通じてその交換を行なうことを何というか。 — **2 国際分業**

★ **3** 主に発展途上国側が原材料を輸出し，先進工業国側がこれを製品化して輸出するという形の分業を何というか。 — **3 垂直的分業**

★ **4** 工業製品を相互に補完的に輸出入する分業を何というか。今日では，先進工業国が完成された部品を輸出し，新興国がこれを組み立てて製品化して輸出する，という国際分業が多くみられる。 — **4 水平的分業**

★★ **5** 民間が行なう貿易に対して，国家は保護も干渉も加えない貿易のことを何というか。 — **5 自由貿易**

★ **6** 国際分業は双方に利益をもたらすことを理論付け，自由貿易を主張したイギリスの経済学者はだれか。 — **6 リカード**

★ **7** 生産費を比較して，相対的に安くつくものだけを生産して輸出すれば，すべての国にとって有利であるというリカードの学説を何というか。 — **7 比較生産費説**

★ **8** 国内産業を保護・育成するため，民間の貿易活動に対して国家が干渉する貿易のことを何というか。 — **8 保護貿易**

★ **9** イギリスの自由貿易政策に対抗して，後発資本主義国が工業化をはかるためには，関税や輸入制限など，保護貿易が必要であると説いたドイツの経済学者はだれか。 — **9 リスト**

★★ **10** 外国から輸入される品物に課せられる税金のことを何というか。 — **10 関税**

★ **11** ある国に与えた関税上の利益や特典は，ほかのすべての国にも適用されるという原則のことを何というか。 — **11 最恵国待遇**

★12	関税以外の方法で，輸入を抑制しようとすることを何というか。具体的には，輸入手続きや検査をきびしくするなどの措置。	12 非関税障壁
★★13	二つ以上の国や地域との間で，貿易・サービスの自由化に加え，投資の自由化，人の移動や二国間協力などを含めて締結される包括的な協定を何というか。	13 経済連携協定(EPA)
★14	すべての国内需要に占める，輸入品の比率のことを何というか。国内で消費される製品のうち，どれだけを輸入品が賄っているかを示すもの。日本の場合，衣類は9割を越えている。	14 輸入浸透率
★15	生産価格を無視した，不当に安い価格で商品を輸出することを何というか。	15 ダンピング(不当廉売)
★★16	急激な輸入増大によって国内産業が重大な損害を受ける場合，WTO(世界貿易機関)は輸入制限することを認めている。これを何というか。	16 セーフガード(緊急輸入制限)
17	WTO(世界貿易機関)は，セーフガードの発動要件を明確に規定し，GATT(関税及び貿易に関する一般協定)のときに使われていた灰色措置は撤廃されることになった。「灰色措置」とは，どのような規制か。	17 輸出自主規制

国際収支

★★1	外国とのあらゆる経済取引における，1年間の支払いと受け取りの集計を何というか。	1 国際収支
★★2	国際収支は大きく三つの項目からなっている。経常収支，資本移転等収支，もう一つは何か。	2 金融収支
★★3	経常収支の項目は大きく三つからなる。第一次所得収支，第二次所得収支，もう一つは何か。	3 貿易・サービス収支
★★4	商品の輸出入に伴うお金の受け払いのことを何というか。輸出と輸入に伴うお金の受け払い。	4 貿易収支
★★5	品物を伴わない国際的取り引きの受け払いを何というか。具体的には，輸送，旅行，通信，情報，特許権などに関してのお金の受け払い。	5 サービス収支
★6	直接投資や証券投資などの，投資から得られる収益の収支を何というか。	6 第一次所得収支
★7	国際機関への拠出金，食料，医薬品などにかかわる	7 第二次所得収支

	無償資金援助などの収支を何というか。	
★ 8	資本形成のために行なう，無償資金援助などの資本移転を何収支というか。	8 資本移転等収支
★★ 9	直接投資，証券投資，その他投資及び外貨準備などの合計を何というか。外国から入ってくるお金よりも，外国へ投資したりしているお金が多ければ，この収支は黒字となる。	9 金融収支
10	輸出してドルを受け取ると，経常収支の黒字と記録される。受け取ったドルを活用して直接投資や証券投資を行なうから，金融収支も黒字と記録される。よって，経常収支と金融収支の関係は，資本移転等収支を除けば，どのようになるか。	10 同額となる
★★11	外国に企業を設立したり，既存の外国企業の経営に参加したりすることなどを目的に，外国へ投資することを何というか。	11 直接投資
★★12	利子や配当の取得などを目的として，外国の株式や債券などに投資することを何というか。	12 証券投資
★13	外国に資本を投資することを，物の取り引きに例えて何というか。	13 資本輸出
★14	外国への投資額が，外国からの投資額を上回っている資本輸出国を何というか。対外純資産を持っている国。	14 債権国
★15	経常収支が赤字を続けている国は，外国から資本輸入をせざるを得ない。このような国を何というか。対外純資産がマイナスとなっている国。	15 債務国
★16	政府と中央銀行が対外支払いのために保有している外貨の合計を何というか。一国の経済力を，対外金融資産としてとらえる場合に有効な概念。	16 外貨準備

外国為替相場

★ 1	貿易や資本取り引きなど，国際間の経済取り引きには，現金のかわりに手形を用いる。この手形のことを何というか。	1 外国為替手形（外国為替）
★★ 2	自国通貨と外国通貨との交換比率のことを何というか。	2 外国為替相場（為替レート）
★★ 3	外国為替に対する日々の需要供給とは無関係に，為	3 固定為替相場制（固

替相場を一定に保つ制度を何というか。IMF（国際通貨基金）は，1973年までこの制度を維持していた。 | 定相場制）

★★ **4** 為替相場が，外貨や外国為替に対する需給関係によって決まる制度を何というか。1973年から，主要各国はこの制度に移行した。 | **4** 変動為替相場制（変動相場制）

★ **5** 1ドル＝120円から1ドル＝100円になることを，何というか。 | **5** 円高

★ **6** 円高とは，円の価値が高くなることを意味している。そのとき，ドルは円に対してどのようになるか。 | **6** ドル安

★ **7** 1ドル＝100円から1ドル＝120円になることを，何というか。 | **7** 円安（ドル高）

★★ **8** 円高になると，理論上，日本の輸出と輸入はどのように変化するか。 | **8** 輸出減，輸入増

★ **9** 円安になると，理論上，日本の輸出と輸入はどのように変化するか。 | **9** 輸出増，輸入減

★★ **10** 円安になると，理論上，日本の貿易収支はどのように変化するか。 | **10** 黒字の方向に向かう

★ **11** 貿易収支が黒字を続けると，受け取る外貨（ドル）が増え，外貨の売り（ドル売り）が増える。その結果，円相場はどのようになるか。 | **11** ドル安になるから円高になる

★★ **12** 円高によって輸出が減少し，景気が沈滞することを称して何というか。 | **12** 円高不況

★ **13** 円高になると，支払いに必要な円は少なくて済むから利益が出る。一方，輸入品の国内での販売価格をそのままにしておけば，円高になった分だけ輸入業者の利益になる。この利益を何というか。 | **13** 円高差益

★ **14** 為替レートの変動によって，利益を得たり損をしたりすることを何というか。 | **14** 為替リスク

★ **15** 少数の投資家からまとまった資金を集め，その資金を世界中の外国為替市場や株式市場に投入し，大きな利益を上げている資金を何というか。 | **15** ヘッジファンド

国際経済機構

★ **1** いくつかの国で一つの経済圏（ブロック）を結成し，ほかの経済地域に対しては封鎖的な政策をとる経済体制を何というか。1930年代の不況の中でとられた | **1** ブロック経済

もの。

2 1930年代の不況の中で，各国は自国の貿易収支が有利となるよう為替相場を繰り返し変更した。これを何というか。

2 平価切り下げ競争

★**3** 自国通貨と他国通貨との，金を媒介にした交換比率のことを何というか。

3 平価

★★**4** 1944年，連合国44カ国が調印した国際通貨と金融に関する協定を何というか。第二次世界大戦後の，資本主義世界経済を再建するための協定。

4 ブレトン＝ウッズ協定

★★**5** ブレトン＝ウッズ協定によって設立された機関は二つある。IBRD（国際復興開発銀行）と，もう一つは何か。

5 IMF（国際通貨基金）

★★**6** 第二次世界大戦後の国際通貨体制の中心機関であるIMFを日本語名で何というか。

6 国際通貨基金

★**7** IMF（国際通貨基金）は各国通貨や為替の安定を通じて，国際貿易の拡大を目指す機関である。一時的に短期融資も行なうが，それはどのような国に対してか。

7 国際収支赤字国

★★**8** ブレトン＝ウッズ協定によって設立された機関で，戦災国の復興資金や発展途上国の開発資金を，長期にわたって貸し付けることを目的とした機関を何というか。

8 IBRD（国際復興開発銀行）

★**9** IBRD（国際復興開発銀行）は「世界銀行」とも呼ばれる。現在，どのような国に対する貸し付けを主としているか。

9 発展途上国

★★**10** 1947年，貿易に関することを扱かう国際機関として設立されたものを何というか。自由貿易の拡大を目指し，貿易障害は協議によって解決しようとした。

10 GATT（関税及び貿易に関する一般協定）

★★**11** アメリカ主導のもとでつくられた，戦後の資本主義世界の経済体制を略号で何というか。ブレトン＝ウッズでの話し合いがもとになってつくられた体制。

11 IMF＝GATT体制

★**12** 1964年から始まった，GATTの関税一括引き下げ交渉を何というか。工業製品の平均35％の引き下げが成立した。

12 ケネディ＝ラウンド

★**13** 1973年から始まった，GATTの関税一括引き下げ交渉を何というか。鉱工業品で平均33％，農産物で

13 東京＝ラウンド

平均41%の引き下げに合意した。

★14 1987年から始まった，GATT の多角的貿易交渉(ラウンド)を何というか。1993年末，農産物の例外なき関税化やサービス貿易の最恵国待遇などで合意した。

14 ウルグアイ=ラウンド

★15 WTO(世界貿易機関)体制下の2001年に始まった，多角的貿易交渉(ラウンド)を何というか。2011年，全体合意が断念され，個別交渉へ移っている。

15 ドーハ=ラウンド

★★16 1995年，GATT のあとを受けて発足した，貿易に関する新しい国際機関を何というか。ウルグアイ=ラウンドで設立が決まった。中国は2001年，ロシアは2012年に加盟した。

16 WTO(世界貿易機関)

★17 WTO はモノの貿易を管轄するだけでなく，GATT が扱わなかった二つの領域も対象にしている。知的財産(所有)権と，もう一つは何か。

17 サービス貿易

★18 知的成果という目にみえない財産権のことを何というか。具体的には，発明，デザイン，小説などの特許権，商標権，著作権といったもの。

18 知的財産権(知的所有権)

国際通貨体制とその変容

★★1 第二次世界大戦後の国際通貨体制を何というか。各国は米ドルを基準にして為替レートを決め，これを固定した。1973年，為替レートの固定は崩れた。

1 IMF 体制(金・ドル本位制)

★2 IMF 体制は，米ドルと金の交換を保障していた。米ドルと金は，どのような交換比率であったか。

2 金1オンス=35ドル

★3 国際間の経済取り引きに用いられる通貨を何というか。IMF 体制のもとでは，米ドルがこの役割を果たしていた。

3 基軸通貨(国際通貨)

★4 1971年，アメリカ大統領ニクソンは，金とドルとの交換停止及び輸入課徴金の実施という政策を実施した。この政策のことを何というか。

4 ドル防衛策

★★5 アメリカが実施したドル防衛策は，ドルを基軸通貨とする IMF 体制を根底から揺るがすものであったため，世界中に大きな危機感を与えた。これを称して何というか。

5 ニクソン=ショック(ドル=ショック)

★★6 1971年末，ドル防衛策によって混迷した通貨体制を

6 スミソニアン協定

立て直すため，為替相場の多国間調整がなされ，IMFは新しい協定を結んだ。これを何というか。

★★ **7** スミソニアン協定は固定相場制をとったが，金1オンスは何ドルとなったか。

7 金1オンス＝38ドル

★ **8** スミソニアン協定によって，それまで1ドル＝360円だった円相場は，どのようにかわったか。

8 1ドル＝308円

★★ **9** 1973年，ドル不安が再発し，ドルは再度切り下げられた。その結果，主要国の為替相場はどのような制度に移行したか。

9 変動為替相場制

★ **10** 変動為替相場制を認め，金の公定価格を廃止し，SDR（IMFの特別引き出し権）の役割を拡大することに合意した，新しい国際通貨体制を何というか。1976年に合意し，1978年から発効した。

10 キングストン体制

★ **11** 国際流動性（外貨）不足に対処するため，1970年から創出された，金とドルに次ぐ第三の国際通貨を何というか。

11 SDR（IMFの特別引き出し権）

★ **12** 1980年代から，アメリカは巨額の財政赤字と貿易赤字を抱えるようになった。これを称して何というか。軍事支出の激増と減税で財政赤字が拡大し，通貨量をおさえたことで金利が上昇してドル高となり，輸出がふるわなくなって貿易赤字になった。

12 双子の赤字

★★ **13** 1985年，IMFにおいて最大の割当額を持つ5カ国（アメリカ，イギリス，フランス，西ドイツ，日本）は，過度のドル高を是正するために協調介入することで合意した。これを何というか。アメリカの貿易赤字を縮小させるねらいがあった。

13 プラザ合意

★ **14** 1997年，タイの通貨バーツの下落が引き金となって起こった国際通貨危機を何というか。その影響は，インドネシア，マレーシア，韓国などに及んだ。

14 アジア通貨危機

★★ **15** IMFの主要5カ国に，イタリア，カナダを加えた7カ国の財務相，中央銀行総裁によって構成される会議を何というか。通貨安定を協議し，協調介入を行なっている。

15 G7（先進7カ国財務相・中央銀行総裁会議）

★ **16** G7の7カ国に，ある国の参加を認め，8カ国で開く主要国首脳会議（サミット）を「G8」という。参加を認めた国とはどこか。

16 ロシア

★17 G8の8カ国に中国，インド，ブラジル，オーストラリア，韓国，欧州連合などを加え，20の国と地域で開催する会議を何というか。

17 **G20**

★18 主要国の首脳が集まって，世界の政治や経済の問題を話し合う会議を何というか。1975年，フランスの呼びかけで開催されたのが始まり。

18 **サミット**

2 国際経済の動き

南北問題

★★1 主に北側に位置する先進国と，南側に位置する発展途上国との間の，経済格差がもたらす諸問題のことを何というか。富んだ北と貧しい南という意味合いが問題の中心。

1 **南北問題**

★★2 先進国に対して，まだ経済発展が十分になされていない国々のことを何というか。「南側の国」ともいわれる。

2 **発展途上国**

★3 発展途上国の経済構造の特徴を示す言葉で，一次産品を主とした特定の商品輸出に依存する経済のことを何というか。

3 **モノカルチャー経済**

4 輸出商品の価格を輸入商品の価格で割ったものを何というか。発展途上国は，輸出品の多くが一次産品で，工業製品に比べ価格が安いため，この比率が悪く不利となっている。

4 **交易条件**

★★5 石油や鉄鉱石，農産物，水産物，木材など，加工されていない自然のままの商品のことを何というか。

5 **一次産品**

★6 発展途上国の経済を困難にしている問題はいろいろあるが，その中で，実質的な生活水準の向上を妨げている要因は何か。

6 **高い人口増加率**

★7 発展途上国に多くみられる，人口の著しい増加を何というか。

7 **人口爆発**

★★8 南北問題を検討し，貿易，援助，経済開発に関して南北交渉を行なう会議を何というか。1964年，発展途上国の発案により国連総会で設立された。

8 **国連貿易開発会議（UNCTAD）**

★9 第1回のUNCTADで，先進国は国民所得の1％を援助するよう求めた報告を何というか。

9 **プレビッシュ報告**

★★ 10 発展途上国に対して、先進国政府が行なう開発援助のことを何というか。無償贈与や低利・長期の資金供与、世界銀行グループなどの国際機関に対する出資などからなる。

10 ODA（政府開発援助）

11 1948年、アメリカのヨーロッパ経済復興計画（マーシャル＝プラン）の受け入れ体制として設立された機関を何というか。1961年に発展解消した。

11 OEEC（欧州経済協力機構）

★★ 12 1961年、OEECを改組して生まれた先進工業国の機関を何というか。発展途上国援助や世界貿易の拡大、経済成長の達成などを協議する機関。2014年現在の加盟国数は34カ国。

12 OECD（経済協力開発機構）

★★ 13 発展途上国の開発援助問題を取り扱い、先進国の援助政策を推進している機関を何というか。OECDの下部機関で、先進23カ国とEU委員会とで構成される。

13 DAC（開発援助委員会）

★ 14 先進国が発展途上国に与える、関税上の特別待遇を何というか。発展途上国からの輸入品に対しては、特別に関税を安くするもの。

14 特恵関税

★ 15 経済発展がまだ十分でなかった国や地域で、急速に工業化をとげた国や地域を何というか。韓国やシンガポール、台湾、メキシコなど。

15 NIES（新興工業経済地域）

★★ 16 21世紀に入って経済発展が目覚ましい、ブラジル(Brazil)、ロシア(Russia)、インド(India)、中国(China)、南アフリカ共和国(South Africa)の国々を何というか。

16 BRICS

17 2000年代に目覚ましい経済成長をとげたNIESやBRICSの市場のことを何というか。

17 エマージング＝マーケット（新興国市場）

★ 18 同じ発展途上国であっても、資源を持つ国や工業化が比較的すすんだ国と、資源を持たず開発の遅れた国との間の、経済格差から生じる問題のことを何というか。

18 南南問題

★ 19 資源を持たず開発の遅れた途上国のことを何と呼んでいるか。「最貧国」とも呼ぶ。

19 後発開発途上国（国連：LDC、OECD：LLDC）

★ 20 先進国中心の世界経済を打破し、発展途上国を含めた新しい経済秩序をつくろうとして、1974年の国連

20 新国際経済秩序樹立宣言（NIEO樹立宣言）

資源特別総会で採択された宣言を何というか。

★21 発展途上国の産出する資源は，その発展途上国の主権下にあり，その権利は永久である，という考え方を何というか。新国際経済秩序の一つとして決議されたもの。 | 21 天然資源に対する恒久主権

★22 国際収支が赤字であり，大胆な工業化をすすめるために資金を必要とした場合，外国から資金を借りる。この外国からの借金が積み重なって未処理になっていることを何というか。 | 22 累積債務

★23 国連は，2015年までに1日1ドル未満で暮らす人々を半減させる目標を立てている。これを何というか。2000年に出した目標。 | 23 国連ミレニアム開発目標（MDGs）

24 所得と消費の向上よりも，人間らしい成長を重視する人間開発論を提唱したインドの経済学者はだれか。ノーベル賞を受賞している。 | 24 アマルティア＝セン

25 最貧困層に少額のお金を貸して，小規模の事業を立ち上げさせ，貧困解決に貢献しているバングラデシュの村の銀行を何銀行というか。 | 25 グラミン銀行

26 十分な資金のない起業家や，貧しくて通常は銀行からお金を借りられない人々に，少額の事業資金を貸し付けることを何というか。グラミン銀行はその典型例。 | 26 マイクロクレジット

資源問題

★1 資源産出国が結束して，資源の保護や価格の維持，引き上げをはかる動きを何というか。1973年，OAPECの石油戦略を契機に，この動きが高まった。 | 1 資源ナショナリズム

★2 1968年に設立された中東地域の石油輸出国の組織を何というか。1973年，原油の生産，輸出削減を行ない，OPECを含めて大幅な価格引き上げを行なった。 | 2 OAPEC（アラブ石油輸出国機構）

★★3 1973年，OAPECは原油価格を約4倍に引き上げて，供給量も削減した。その結果，石油消費国は大きな混乱に陥り，世界的に不況が深刻化した。これを何というか。 | 3 石油危機（オイル＝ショック）

★4 1973年，アラブ産油国が実施した石油戦略は，何に伴って行なわれたことであったか。 | 4 第4次中東戦争

第5章 国際経済と国際協力

#	問題	解答
★★ 5	1960年に設立された石油輸出国の組織を何というか。国際カルテルを結成し、生産や輸出量、価格など、加盟各国の石油政策を調整している。	5 OPEC（石油輸出国機構）
★★ 6	1978年末のイラン革命を機に石油は逼迫し、1979年から1982年末まで石油価格は高値を続けた。その結果、世界経済は再び低迷した。これを何というか。	6 第2次石油危機
★ 7	使えば使うほど減少していく資源のことを何資源というか。石油などの化石燃料は典型例。	7 枯渇性資源
8	半導体製造のためのタングステンやモリブデン、自動車排出ガスを浄化する触媒としての白金やパラジウムなど、先端産業にとって重要な資源となっている希少金属を何というか。産出地が偏っており、価格の高騰やその確保が大きな問題となっている。	8 レアメタル
9	LEDや光ディスク、高性能磁石など、エレクトロニクス製品の性能向上に必要不可欠な材料となる希土類のレアメタルを何というか。現在、中国が世界の産出量のほとんどを占めている。	9 レアアース
★★10	沿岸から沖合200海里（約370km）にわたり、水産資源の保護などを理由に、外国漁船による漁業を規制して自国の管理下に置く水域を何というか。	10 排他的経済水域（経済水域）

地域的経済統合

#	問題	解答
★★ 1	隣接地域の国々が、国際分業と市場の拡大をはかる目的で組織するものを何というか。商品、資本、労働力の移動を段階的に認めている。	1 地域的経済統合
★ 2	フランス、西ドイツ、イタリア、ベルギー、オランダ、ルクセンブルクの6カ国で結成した、石炭と鉄鋼を共同管理する機構を何というか。1952年、フランスの提唱でつくられた。	2 ECSC（欧州石炭鉄鋼共同体）
★ 3	ECSCを構成する6カ国で結成された経済統合体を何というか。域内関税を撤廃し、商品、資本、労働力の移動を自由にしようとする。1957年、ローマ条約によって結成された。	3 EEC（欧州経済共同体）
★ 4	1957年、ローマ条約によって結成された機構で、EEC加盟国の原子力資源を管理し、原子力の共同開発を行なうものを何というか。	4 EURATOM（欧州原子力共同体）

★5	1967年、EECとECSC、EURATOM（ユーラトム）の三つを統合して結成した経済組織を何というか。1973年、イギリス、デンマーク、アイルランドが加盟した。その後、ギリシャ、スペイン、ポルトガルが加盟し、1986年には12カ国となった。	**5 EC（欧州共同体）**
★6	ECは1993年から、商品、資本、労働力の移動を自由化し、単一市場を形成した。これを何というか。	**6 市場統合**
★7	1979年、EC諸国が通貨統合を目指して発足させた制度を何といったか。ユーロの登場により、1998年末で廃止された。	**7 EMS（欧州通貨制度）**
★8	1992年、EC加盟国はローマ条約を改正し、欧州連合建設を目指す新しい条約に調印した。この条約を何というか。	**8 マーストリヒト条約**
★★9	1993年、マーストリヒト条約が発効し、ECは経済統合のみならず、政治統合をも目指す欧州連合に改組された。この新しい欧州連合のことを欧文略語で何というか。	**9 EU**
★10	1999年、EUは通貨統合を開始し、共通通貨を導入した。この通貨を何というか。実際に現金通貨として用いられたのは、2002年からである。	**10 ユーロ**
★11	2000年、EUは新しい基本条約に調印した。ローマ条約とマーストリヒト条約について修正を加えた条約で、これを何というか。この条約の主な目的は、将来のEU拡大の機構改革を実施することにあった。2003年発効。	**11 ニース条約**
★★12	2004年、EUは10カ国の加盟を認め、25カ国体制となった。このとき加盟したのは、どのような国々であったか。	**12 旧東欧諸国**
★13	ニース条約を改正する、新しい基本条約が2009年末に発効した。この条約を何というか。EU議会の権限強化やEU大統領が新設された。	**13 リスボン条約**
★★14	2014年現在、EU加盟国は28カ国、これらの国の中で18カ国はユーロを使用している。この18カ国のことを何というか。	**14 ユーロ圏**
★15	1960年、EECに対抗して結成されたヨーロッパの地域的経済統合を何というか。今日では、ノルウェ	**15 EFTA（欧州自由貿易連合）**

ーやスイスなど，4カ国のみとなっている。

★16 1994年からEUとEFTA間では，関税を撤廃し，人，モノ，金，サービスの流れの自由な統合市場を形成した。これを何というか。

16 **EEA（欧州経済地域）**

★★17 1992年，アメリカ，カナダ，メキシコの3カ国は自由貿易圏を形成することで合意し，1994年から世界最大の単一市場が誕生した。これを何というか。

17 **NAFTA（北米自由貿易協定）**

★★18 1967年，インドネシア，マレーシア，フィリピン，シンガポール，タイの5カ国でつくった地域的経済組織を何というか。

18 **ASEAN（東南アジア諸国連合）**

★19 ASEANは，ブルネイ，ベトナム，ミャンマー，ラオスの加盟を認めてきた。さらに1999年に加盟を認めた国はどこか。これでASEAN10となった。

19 **カンボジア**

★20 ASEAN諸国からなる，自由貿易地域を何というか。域内の関税障壁，非関税障壁を引き下げることにより，一層の活性化をはかることを目的としている。

20 **ASEAN自由貿易地域（AFTA）**

★21 地域交流が密接なASEAN10と，日本，中国，韓国が協力していく枠組みのことを何というか。

21 **ASEAN＋3**

★★22 開かれた地域協力を目指す，アジア太平洋経済協力を欧文略語で何というか。閉鎖的な地域統合とは異なり，地域協力の枠組みを進展させようとしている。

22 **APEC**

★23 経済開発促進と生活水準の向上を目指す，ラテンアメリカにおける地域的な経済統合を何というか。アルゼンチンやブラジルなど13カ国が加盟。

23 **ALADI（ラテンアメリカ統合連合）**

3 国際経済の中の日本

★1 2014年現在，世界最大の債権国（資金を貸し出している国）はどこか。

1 **日本**

★2 2014年現在，世界最大の債務国（資金を借り入れている国）はどこか。

2 **アメリカ**

★3 2013年現在，GDPが世界第2位の国はどこか。日本は長いこと第2位であったが，2011年から第3位となった。

3 **中国**

★4 2006（平成18）年度以来，日本の最大の貿易相手国はどこか。

4 **中国**

★5 1980年代，経済発展をとげた日本は諸外国，とりわ

5 **日米経済摩擦（日米**

146 第Ⅱ部 現代の経済

けアメリカとの間で，商品の輸出入をめぐって激しいトラブルを経験することになった。これを何というか。　　　　　　　　　　　　　　　　貿易摩擦）

★6　半導体や航空宇宙などの先端技術は，将来の産業の競争力を決めるものであり，国家安全保障上も重要な領域であるとして，日米間で摩擦が起きている。これを何というか。　　　　　　　　　　　6 ハイテク摩擦

★7　1988年，アメリカの包括通商法に盛られていた条項で，不公正な貿易慣行国への報復措置と，その発動手続きを定めた条項を何というか。1999年，再度復活させた。　　　　　　　　　　　　　　7 スーパー301条

★8　1989年から1990年に開催された，日米間の貿易不均衡是正のための協議を何というか。貿易摩擦解消のためには，経済構造をかえる必要があるとして開催された。　　　　　　　　　　　　　　　　8 日米構造協議

★★9　日米構造協議で，アメリカが日本に強く要求したことは何であったか。日本の市場は閉鎖的で外国商品が入りにくくなっており，これは非関税障壁であると主張した。　　　　　　　　　　　　　　　　9 市場開放

★10　国内の需要を拡大することを「内需拡大」という。1980年代の日本経済は，内需拡大が十分に行なわれておらず，何に依存する経済であったか。　　10 輸出

★11　日米構造協議を受けて，1993年から開始された日米協議を何というか。構造問題と個別の産業交渉とが行なわれ，これまで半導体や航空の分野で合意をみている。　　　　　　　　　　　　　　　11 日米包括経済協議

★★12　政府が民間の活動に対して行なっている，様々な公的規制を廃止し，緩和することを何というか。規制，保護を中心とする日本の産業政策が不公正であるとして，諸外国から批判されることがあった。　　12 規制緩和（ディレギュレーション）

★★13　GDP（国内総生産）に対する，輸出額と輸入額の合計の比率を何というか。近年の日本は，この比率がヨーロッパ主要国より低い。　　　　　　　13 貿易依存度

★★14　国際市場での取り引きにおける競争力を何というか。価格，品質，サービスが競争力を決定する。　　14 国際競争力

★15　日本は長年，貿易黒字を続けてきたが，2011（平成　　　15 石油や天然ガス（鉱

第5章　国際経済と国際協力　147

23)年以来，連続して貿易収支が赤字となっている。大きく増えている輸入品目は，電気機器に代表される製品輸入と，もう一つは何か。 — (物性燃料)

★**16** 製品輸入が大きく増えている理由は二つある。海外企業がアジアで生産する製品の輸入が増えたことと，もう一つは何か。 — 16 **海外の子会社からの輸入**

★**17** 近年の日本は，円安になっても工業製品の輸出があまり伸びない。その理由は何か。 — 17 **現地生産が増加しているから**

★★**18** 企業の海外移転によって，国内の製造業が衰退に向かうことを何というか。対外直接投資が増大すると，国内の生産が海外の生産に代替され，輸入が増大するため，国内の製造業が衰退する。 — 18 **産業の空洞化**

★**19** 1980年代後半から，日本の製造業は安い労働力を求めてアジア向け投資を増大させた。投資を増大させた国々とはどこであったか。 — 19 **ASEAN加盟国**

★**20** 1990年代に入って，日本が直接投資を急激に伸ばした相手国はどこか。 — 20 **中国**

★★**21** 一国の経済状態を表現するのに，最も基礎的な指標となるものを何というか。経済成長率，物価上昇率，失業率，経常収支などの指標のこと。 — 21 **ファンダメンタルズ（基礎的条件）**

★**22** 1単位の通貨で，どれだけの商品が買えるかを比較して，各国通貨の交換比率を示したものを何というか。生活の実態を比較するときなどに用いられる。 — 22 **購買力平価**

★★**23** 購買力平価と為替レートとの格差を何というか。一般的に，円の国内における購買力と，円を外貨に交換して国外に持ち出して使ったときの購買力との格差。円高になると，これが大きくなる。 — 23 **内外価格差**

★**24** 自社製品の商標（ブランド）で，他社に商品生産を委託することを何というか。 — 24 **OEM（相手先商標製品）**

★**25** 外国への経済援助で，あらかじめ用途を指定したり，資金運用を監督したりせずに，資金を供与するやり方を何というか。 — 25 **アンタイドローン**

★**26** 発展途上国の経済援助のため，日本政府が政府間合意に基づいて供与する低利融資制度を何というか。 — 26 **円借款**

★★**27** 経済援助の中で，日本が特に増大させる必要があるのは，何援助か。 — 27 **ODA（政府開発援助）**

★★ 28	国際化が進展して，人，モノ，金，情報の国際交流が盛んになり，国境の持つ意味が薄らいでいる社会のことを何というか。	28 ボーダレス社会
★★ 29	地球全体の経済が一体化しつつあることを何というか。各国経済が連動し，相互依存性を高めている状態。経済の国際化のこと。	29 グローバリゼーション
★ 30	日本が経済連携協定（EPA）を最初に結んだ国はどこか。貿易・サービスの自由化に加え，投資の自由化，人の移動や2国間協力などを含めて締結し，2002（平成14）年に発効した。	30 シンガポール
★★ 31	アジア太平洋地域におけるモノやサービスの貿易の自由化や，投資の自由化，人の移動の自由化などを目標に，2010年から協議を続けている交渉を何というか。アメリカ，日本など11ヵ国で交渉している。	31 TPP（環太平洋パートナーシップ協定）
★★ 32	パソコンやインターネットなど，通信・情報技術が急速に発展・普及し，大きな社会変化，生活の変化をもたらしていることを称して何というか。	32 IT化
★ 33	ITの普及により，パソコンやインターネットを使えるか否かで，様々な機会や収入に差が生じており，社会問題であるということを称して何というか。	33 デジタルデバイド（情報格差）

索引

(ページ番号を斜体で示した用語は，解答中の用語ではないもの)

《あ》

- IAEA —— 75
- INF全廃条約 —— 76
- IMF —— *137*, 138, *140*
- IMF=GATT体制 —— 138
- IMF体制 —— 139
- IMFの特別引き出し権 —— 140
- IMF 8 条国 —— 112
- ILO —— 34, 65, 125, *131*
- ICBM —— 76
- IT —— *149*
- IT化 —— *149*
- 相手先商標製品 —— 148
- アイヌ文化振興法 —— 28
- アイヌ民族 —— 28
- IBRD —— 138
- アインシュタイン —— *75*
- アウトソーシング —— 113
- アウン=サン=スー=チー —— *12*
- アカウンタビリティ —— 59
- 赤字国債 —— 105
- 赤字財政政策 —— 107
- 悪質商法 —— 119
- 悪質訪問販売 —— 119
- 悪臭 —— 119
- アクセス権 —— 34
- 朝日訴訟 —— 32, *131*
- アジア・アフリカ会議 —— 74
- アジア太平洋経済協力 —— *146*
- アジア通貨危機 —— 140
- アジアの一員としての立場の堅持 —— *78*
- アジェンダ21 —— 124
- 足尾銅山鉱毒事件 —— 120
- ASEAN〈アセアン〉 —— 75, 146
- ASEAN加盟国 —— 148
- ASEAN自由貿易地域 —— 146
- ASEAN10 —— 146

- ASEAN+3 —— 146
- アダム=スミス —— 82, 87
- 新しい人権 —— 33
- 斡旋 —— 128
- 圧力団体 —— 54
- アトリー —— *131*
- アパルトヘイト —— 11
- アフガニスタン侵攻 —— 70
- AFTA〈アフタ〉 —— 146
- 安倍晋三 —— *25*, *26*
- 天下り —— 60
- アマルティア=セン —— 143
- アムネスティ=インターナショナル —— 35
- アメとムチの政策 —— 130
- アメリカ独立革命 —— 6
- アメリカ独立宣言 —— 6
- アメリカ独立戦争 —— 6
- ALADI〈アラディ〉 —— 146
- アラファト —— *72*
- アラブ諸国 —— *72*
- アラブ石油輸出国機構 —— 143
- アラブの春 —— *12*
- アラブ民族 —— *72*
- アリストテレス —— *1*
- 亜硫酸ガス —— 120
- アル=カーイダ —— *72*
- 安価な政府 —— *1*
- UNCTAD〈アンクタッド〉 —— 141
- 安全神話 —— 117
- 安全保障理事会 —— 66
- 安全を求める権利 —— 118
- アンタイドローン —— 148
- UNTAC〈アンタック〉 —— *78*
- 安定恐慌 —— 110
- 安保条約 —— 26, 77
- 安保理 —— 66
- 安保理の常任理事国 —— 67

《い》

- EEA —— 146
- EEC —— 144, *145*

- 委員会制 —— 14
- EMS —— 145
- 育児・介護休業法 —— 127
- 池田勇人 —— 110
- 違憲判決 —— 48
- 違憲法令審査権 —— 15, 47
- 違憲法令審査制 —— 4
- 違憲無効 —— 57
- 違憲立法審査権 —— 15, 47
- 違憲立法審査制 —— 4
- 意見を反映させる権利 —— 118
- いざなぎ景気 —— 111
- EC —— 145
- ECSC —— 144, 145
- イスラエル —— *72*
- 「イスラム国」 —— *73*
- 依存財源 —— 50
- イタイイタイ病 —— 120
- 板垣退助 —— *18*
- 一院制 —— 49
- 一次産品 —— 141
- 一国二制度 —— 17
- 一党独裁 —— 15
- 一般意志 —— 8
- 一般会計予算 —— 103, 104, 105
- 一般教書 —— 14
- 一般財源 —— 50
- 一票の価値の格差 —— 61
- 一票の価値の低下 —— 61
- 1 府12省庁 —— 41
- 1 府22省庁 —— 41
- 遺伝子組み換え —— 125
- 伊藤博文 —— *18*
- イニシアティブ —— 8
- 委任立法 —— *20*
- 犬養毅 —— *20*
- イノベーション —— 97
- EPA —— 135, *149*
- EU —— 145, 146
- EU委員会 —— 142
- EU議会 —— 145
- EU大統領 —— 145
- イラク戦争 —— *72*
- イラク復興支援特別措置法 —— 79
- イラン・イラク戦争 —— 70
- イラン革命 —— 70, *142*
- インターナショナリズム —— *9*
- インターネット選挙運動 —— 55
- インフラ —— 93
- インフラストラクチャー —— 93
- インフレ —— 98
- インフレーション —— 98
- インフレターゲット政策 —— 103

《う》

- ウイグル族 —— *74*
- ウィリアム 3 世 —— *5*
- ウィルソン —— 64
- ウィーン会議 —— 64
- ウィーン条約 —— *123*
- ウェストファリア会議 —— 62
- ヴェルサイユ体制 —— 64
- ヴォルテール —— *6*
- ウォルポール内閣 —— *12*
- ウーサマ=ビン=ラーディン —— *72*
- 「失われた10年」 —— 112
- 『宴のあと』事件 —— 30
- 売りオペ —— *57*
- ウルグアイ=ラウンド —— 115, *116*, 139

《え》

- A・A会議 —— 74
- A規約 —— *34*
- 『永久平和のために』 —— *64*
- HIV薬害事件 —— 118
- APEC〈エイペック〉 —— 146
- エコシステム —— 124
- SCAP —— 21
- SDR —— 140
- エドワード=コーク —— 3, 5
- NI —— 94, 97
- NNW —— 95
- NNP —— 94
- NGO —— 60, 62, *76*
- NPO —— 60
- NPT —— 75
- エネルギー —— 116
- EFTA〈エフタ〉 —— 145, 146
- エマージング=マーケット —— 142
- M&A —— 90
- MSF —— 62
- MDGs —— 143
- エリコ —— *72*
- エリザベス救貧法 —— 130
- LED —— *144*
- LLDC —— 142
- LDC —— 142
- エンゲルス —— 83, *124*
- 冤罪 —— 31
- 円借款 —— 148
- 円相場 —— 98
- 円高 —— 137
- 円高差益 —— *137*
- 円高不況 —— *137*
- 円安 —— 137

《お》

- OAPEC〈オアペック〉

	……………………… 143	回復 …………………… 95, 96	環境教育推進法 ……… 124	規則制定 ………………… 59
OEEC	……………………… 142	外部不経済 …………… 120	環境権 ……………… 34, 121	規則制定権 ………… 37, 47
OEM	……………………… 148	外部負経済 …………… 120	環境と開発に関するリオ	基礎的財政収支 ……… 107
OECD	…………… 111, 120, 142	『海洋自由論』 ………… 63	宣言 …………… 123, 124	基礎的条件 …………… 148
オイル=ショック …… 143	下院〈アメリカ〉………… 14	勧告 ……………………… 66	基礎年金制度 ………… 132
王権神授説 ……………… 5, 7	価格 ……………………… 86	韓国 ……………………… 67	北大西洋条約機構
欧州安全保障協力機構	価格競争 ………………… 88	監査委員 ………………… 51	………………… 68, 69, 71
……………………………… 71	価格の下方硬直性 ……… 91	監査請求 ………………… 51	北朝鮮 ……………… 67, 75
欧州共同体 …………… 145	価格の自動調整機能 …… 87	慣習法 …………………… 2	キチンの波 ……………… 97
欧州経済共同体 ……… 144	価格の自動調節機能 …… 87	関税 ……………… 105, 134	規模の利益 ……………… 90
欧州経済協力機構 …… 142	化学兵器禁止条約 ……… 76	関税及び貿易に関する一	基本的人権 …… 6, 10, 27,
欧州経済地域 ………… 146	価格メカニズム ………… 87	般協定 ………… 135, 138	32
欧州原子力共同体 …… 144	下級裁判所 ……………… 42	関税割当制 …………… 115	基本的人権の尊重
欧州自由貿易連合 …… 145	核拡散防止条約 ………… 75	間接金融 ……………… 101	…………………………… 8, 22
欧州石炭鉄鋼共同体 … 144	閣議 ………………… 26, 41	間接税 …………… 104, 105	基本的人権の保障 ……… 10
欧州通貨制度 ………… 145	革新政党 ………………… 53	間接民主制 …………… 7, 8	義務教育の無償 ………… 32
欧州通常戦力条約 ……… 71	革新的行動 ……………… 97	間接民主政治 ……… 8, 10	金正日 …………………… 79
欧州連合 ……………… 145	拡大再生産 ………… 86, 97	完全雇用 ………………… 83	逆進課税 ……………… 105
OSCE	……………………… 71	革命権 …………………… 6	環太平洋パートナーシッ	旧東欧諸国 …………… 145
大きな政府 ……………… 83	学問の自由 ……………… 29	プ協定 ………………… 149	牛肉 ……………………… 115
大津事件 ………………… 44	核抑止力 ………………… 76	カント …………………… 64	キューバ危機 …………… 70
公の弾劾 ………………… 44	家計 ……………………… 85	かんぽ生命保険 ………… 58	教育を受ける権利 ……… 32
侵すことのできない永久	『かけがえのない地球』	管理価格 ………………… 91	供給曲線 ………………… 86
の権利 ………………… 27	………………………… 122	管理通貨制度 ……… 98, 99	恐慌 ……………………… 96
沖縄県 …………………… 77	影の内閣 ………………… 13	官僚 ……………………… 59	共済組合 ……………… 131
汚職 ……………………… 54	ガザ地区 ………………… 72	官僚制 ………………… 5, 59	協賛機関 ………………… 19
汚職事件 ………………… 54	貸し渋り ……………… 112	官僚政治 ………………… 59	共産党 …………………… 15
汚染者負担の原則 …… 120	過失責任の原則 ………… 11	官僚制の弊害 …………… 60	『共産党宣言』………… 124
オゾン層破壊 ………… 123	可処分所得 ……………… 95		共産党による一党独裁 … 15
ODA	…………………… 142, 148	化石燃料 ………… 116, 117	《き》	教書 ……………………… 13
オープン=マーケット=	寡占 ……………………… 90	議員定数の削減 ………… 57	行政委員会 ……………… 59
オペレーション	寡占市場 …………… 90, 91	議員定数不均衡 ………… 57	行政改革 ………………… 58
……………………… 101, 102	GATT〈ガット〉	議院内閣制 ………… 12, 36	行政監察官の制度 ……… 59
OPEC〈オペック〉…… 144	……………… 135, 138, 139	議員の議席を失わせる議	行政協定 ………………… 63
思いやり予算 …………… 27	GATT11条国 ………… 111	決 ……………………… 39	行政権の優越 …………… 57
卸売物価指数 …………… 98	家庭裁判所 ……………… 43	議員立法 …………… 40, 57	行政国家 ………………… 57
温室効果ガス ………… 123	家電リサイクル法 …… 121	議会 ……………………… 49	行政裁判 ………………… 46
恩赦の決定 ……………… 42	過度経済力集中排除法	機械打ちこわし運動 … 124	行政裁判所 ……………… 20
温暖化現象 …………… 122	………………………… 109	機会政治 ………………… 6	行政裁量 ………………… 57
オンブズマン制度 ……… 59	株券 …………………… 101	議会制民主主義 …… 10, 36	行政指導 ………………… 58
		株式 …………………… 101	議会の解散権 …………… 49	行政手続法 ……………… 58
《か》	株式会社 ………………… 88	機会費用 ………………… 85	行政の民主化 ……… 58, 59
買いオペ …………… 100, 102	株主代表訴訟 …………… 89	議会法 …………………… 13	行政法 …………………… 3
改革・開放政策 ………… 84	貨幣 ……………………… 98	機関投資家 ……………… 89	強制力 …………………… 1
外貨準備 ……………… 136	貨幣価値の下落 ………… 98	企業 ……………………… 85	強制連行 ………………… 78
会計年度独立の原則 … 103	「神の見えざる手」	企業資産 ………………… 93	京大事件 ………………… 29
外国為替 ……………… 136	…………………… 82, 87	企業集団 ………………… 90	協調介入 ……………… 140
外国為替相場 …… 98, 136	加盟国の批准 …………… 63	企業所得 ………………… 95	共同防衛の義務 ………… 26
外国為替手形 ………… 136	カリスマ的支配 ………… 4	企業の合併・買収 ……… 90	京都議定書 …………… 123
介護保険 …………… 131, 132	カルテル ………………… 91	企業の社会的責任 ……… 90	狂乱物価 ……………… 111
解散権 …………………… 14	過労死 ………………… 129	企業物価指数 …………… 98	共和制 …………………… 5, 7
外資導入 ………………… 84	為替リスク …………… 137	企業別労働組合 ……… 127	共和党 …………………… 14
解釈改憲 ………………… 26	為替レート …………… 136	気候変動枠組み条約 … 123	許認可行政 ……………… 58
会社更生法 ……………… 90	簡易裁判所 ……………… 43	基軸通貨 ……………… 139	拒否権〈アメリカ大統領〉
改正自衛隊法 …………… 79	官営模範工場 ………… 108	期日前投票 ……………… 55	………………………………… 14
海賊対処法 ……………… 90	環境アセスメント …… 121	希少性 …………………… 85	拒否権〈国際連合〉……… 67
ガイドライン …………… 78	環境汚染 ……………… 121	規制緩和 …………… 58, 147	緊急集会 ………………… 38
開発援助委員会 ……… 142	環境開発サミット …… 124	起訴 ……………………… 46	緊急勅令 ………………… 19
開発独裁 ………………… 17	環境基準 ……………… 121	貴族院〈イギリス〉……… 13	緊急特別総会 …………… 68
外部委託 ……………… 113	環境基本法 ………… 122, 124	貴族院〈日本〉…………… 19	緊急輸入制限 ………… 135

オイイ〜キンキ 151

キングストン体制 140	軍法会議 20, 43	健康保険 104, 131	公債依存度 105
金権政治 54		原材料 86	皇室裁判所 20
銀行 *101*	《け》	原材料費 88	公衆衛生 32, 132
均衡価格 86	計画経済 *83*	検察官 46, 47	工場制機械工業 *81*
銀行券 99	景気 95	検察官一体の原則 47	工場制手工業 *81*
銀行の銀行 *101*	景気過熱 96, *101*	検察審査会 47	工場法〈イギリス〉 124
近代市民社会 *5*	景気循環 95, 97	検察庁 47	工場法〈日本〉 125
近代民主政治 *7*	景気対策 97	原子爆弾 *21*	公職選挙法 55
緊張緩和 70	景気調整 97, 106, 107	原子力発電 117	硬性憲法 13
欽定憲法 18	景気に左右されるから	憲政の常道 20	公正取引委員会 59, 91,
金とドルとの交換停止	104	建設国債 105	92
139	景気変動 95, 97	減反政策 116	厚生年金 132
金・ドル本位制 139	経済 *81*	原発 117	交戦権 *24*
金本位制度 99	経済安定九原則 109	憲法 2, *3*	交戦権の否認 *24*
金融 100	経済活動の自由	憲法改正 *8*	控訴 46
金融緩和政策 101	11, 29, 31	憲法改正の承認 *23*	後見 *95*, 96
金融機関 *101*	経済教書 *14*	憲法改正の発議 *36*	公聴会 39
金融業務の自由化 113	経済協力開発機構	憲法研究会 22	公定価格 87
金融資産 *111*	*111*, 120, 142	憲法尊重擁護の義務 22	公定歩合操作 *101*
金融市場 *101*	経済社会理事会 67	憲法前文 *24*, *36*	公的資金 113
金融収支 135, 136	経済主体 *85*, 86	憲法第9条 *24*, *26*	公的扶助 131
金融政策 *101*	経済循環 86	憲法第25条 *32*, 131	公党 55
金融政策決定会合 102	経済水域 144	憲法の番人 47	高等裁判所 43
金融の自由化 113	経済制裁 65	憲法問題調査委員会 22	高度経済成長 110, *111*,
金融引き締め政策 101	経済成長 17, 97	権利章典 *5*	120
金融ビッグバン 113	経済成長率 97	権利請願 *5*	公の弾劾 *44*
金融不安 112	経済特区 84	減量経営 113	購買力平価 148
金利 *101*	経済のサービス化 111	権力 *1*	後発開発途上国 142
金利の自由化 113	経済の自由化 84	権力集中制 15, 16	幸福追求権 *34*
勤労権 32, *126*	経済のソフト化 111	権力政治 64	鉱物性燃料 147
勤労の義務 33	経済の民主化 109	権力分立 *8*, *9*	公法 *2*
	経済連携協定 135, 149	権力分立論 *9*	合法的支配 *4*
《く》	警察予備隊 *24*	言論の自由 *9*	公務員のスト権 *11*
草の根民主主義 60	形式的・儀礼的行為 *23*		拷問の禁止 *30*
クズネッツの波 *96*	刑事裁判 45	《こ》	高齢社会 132
クーデタ *4*	刑事事件 *30*	小泉純一郎 *79*	枯渇性資源 144
国の最高法規 2, *22*	刑事訴訟法 *2*	公安委会 *59*	小切手 100, *101*
組合健康保険 *131*	刑事補償請求権 33	公安条例 *30*	小切手法 *3*
クラウディング=アウト	刑事免責と民事免責 127	公益委員 128	国益 *62*
106	傾斜生産方式 109	交易条件 141	「国王といえども、神と法
クラスター爆弾禁止条約	経常収支 *135*, 136	硬貨 *99*	の下にある」 *3*
76	刑法 2, *3*	公害 119	「国王は君臨すれども統
グラスノスチ *15*	啓蒙思想 *6*	公開裁判の原則 46	治せず」 *12*
グラミン銀行 143	啓蒙思想家 *6*	公開市場操作 101, 102	国債 *101*, 102, 105
クリミア 72	契約社員 129	公海自由の原則 *63*	国債依存度 105
クーリングオフ制度 118	系列化 114	公害対策基本法	国際慣習法 *63*
クルド民族 73	ケインズ 83, 96	119, 122, 124	国際競争力 147
クレジット 119	ケインズ革命 *83*	公害輸出 122	国際協調 *64*
グロティウス *63*	欠陥商品 119	好況 *95*	国際協調主義 *62*
グローバリゼーション	ゲティスバーグでの演説	公共財 86	国際経済 134
149	*8*	工業製品 87	国際刑事裁判所 *64*
クロムウェル *5*	ケネー *82*	公共投資 107	国際原子力機関 *75*
軍国主義 20	ケネディ 118	公共の福祉 *27*, *31*	国際裁判の確立 *64*
軍事政権 *17*	ケネディ=ラウンド 138	公共の利益 *8*	国際司法裁判所 67
軍閥 *64*	検閲の禁止 *30*	公共料金 87	国際主義 *62*
君主主権 *7*	減価償却費 88, 94	拘禁 *33*	国際収支 135
軍の最高司令官 *13*	現金通貨 *99*, 100	合計特殊出生率 133	国際人権規約 *11*, 34
軍備管理 75	健康増進法 *132*	抗告 46	国際人道法 *64*
軍備縮小 *64*	健康で文化的な最低限度	公債 105	国債整理基金特別会計
軍部独裁の政治 21	の生活を営む権利 *32*		*104*

152　キンク〜コクサ

国際通貨 139	国連平和維持活動協力法 78	《さ》	再利用 121
国際通貨基金 *137*, 138	国連貿易開発会議 141	財 85	裁量的財政政策 107
国際通貨体制 *139*	国連ミレニアム開発目標 143	財貨 85	佐川急便事件 54
国債費 106		在外選挙制度 55	差し止め請求 34
国際復興開発銀行 138	コージェネレーション 117	最恵国待遇 134	佐藤栄作 *25*
国際分業 134, *144*	児島惟謙 44	罪刑法定主義 46	砂漠化 123
国際法 63	55年体制 53	債券 *101*	サービス 85
国際法の父 *63*	個人経営の企業 84	債権国 136	サービス残業 130
国際連合 64	個人資産 93	最高経営責任者 88	サービス収支 135
国際連盟 64	個人情報保護法 33	最高裁判所 47	サービス貿易 139
国際連盟からの脱退 65	コスト=プッシュ=インフレーション 98	最高裁判所長官 23	サボタージュ 126
国際連盟規約 *65*		最高裁判所長官の任命 23	サミット *140*, 141
国際連盟を脱退 *21*	護送船団方式 113		サリドマイド薬害事件 118
国際労働機関 34, 65, 125, *131*	コソボ 73	最高裁判所の指名した名簿 44	参議院議員選挙 55
国際労働者協会 125	国家 *1*	最高裁判所のすべての裁判官 23	産業革命〈イギリス〉 81
国事行為 23, *42*	国家安全保障会議 24		産業革命〈日本〉 108
国政調査権 37	国会 103	在庫投資 97	産業構造の高度化 111
国体護持 *22*	国会中心主義 36	在庫人民院 16	産業資本主義 82
国内総生産 94, 97, *147*	国会に対して連帯責任 41	財産 *7*	産業の空洞化 148
国富 93	国会の議決 41, 103	財産権行使の自由 31	産業廃棄物 121
『国富論』 *82*	国会の指名 23	財産所得 *95*	産業別労働組合 127
国民 *1*, *4*	国会の承諾 42	歳出 103	三権分立 *9*, 36
国民解職 *9*	国会の承認 63	再使用 122	三十年戦争 *62*, *63*
国民皆保険 132	国会法 39	再審 46	三審制 46
国民健康保険 *132*	国家公務員 42	財政 103	酸性雨 122
国民主権 *1*, *6*, *8*, *22*	国家公務員法 128	財政赤字 105, *140*	参政権 *11*, *19*, *27*, *32*
国民純生産 *94*	国家主義 *20*	再生可能エネルギー 117	三大経済改革 109
国民純福祉 *94*, *95*	国家総動員法 *21*, *109*, 125	財政再建 106	暫定予算 104
国民所得 94, 95, 97		財政政策 106	三読会制 *13*
国民所得倍増計画 110	国家利益 *62*	財政投融資 106	サンフランシスコ会議 *66*
国民審査 *8*, *23*, 44	国境なき医師団 *62*	財政特例法 *105*	サンフランシスコ平和条約 *77*
国民審査の権限 *23*	国権の最高機関 *36*	財政破綻 *105*	
国民総生産 93, *94*	国庫支出金 50	財政法第5条 *105*	三面等価の原則 *95*
国民投票 *8*, *23*	COP 3 *123*	財政法第4条 *105*	三割自治 *50*
国民投票法 *23*	固定価格買取制度 117	財政融資資金特別会計 *106*	
国民の権利が問題となっている事件 *46*	固定為替相場制 136		《し》
	固定資本減耗分 88, 94	財田川事件 *46*	CIS 16, *84*
国民発案 *8*	固定相場制 136	在宅ケア 133	CEO 88
国民福祉指標 *95*	古典経済学 *82*	最低賃金法 126	自衛隊 24
国民保険法 *130*	子どもに教育を受けさせる義務 *33*	財投 106	GHQ *21*, *22*, *24*, *110*, *128*
国民保護法 *79*		財投債 106	G 8 *140*, 141
国務院 *16*	個別的自衛権 *26*	在日韓国・朝鮮人問題 *28*	自衛のための戦争をも放棄 *22*
国務大臣 *40*	戸別訪問の禁止 55	歳入 103	
国連 *65*	コミンフォルム 69	再任可能 44	自衛のための必要最小限度の実力 *24*
国連海洋法条約 *80*	米の関税化 115	財閥 91, 108, *109*	
国連環境開発会議 *122*	コモン=ロー *3*	財閥解体 109	自衛力増強の義務 *26*
国連環境計画 122	雇用者報酬 *95*	裁判員制度 45	CSR *90*
国連カンボジア暫定機構 *78*	雇用保険 *131*, 132	裁判官の独立 44	CSCE *71*
	『雇用・利子および貨幣の一般理論』 *83*	裁判官の身分保障 44	GNP *93*
国連軍 *68*		裁判所法 43	ジェノサイド条約 *74*
国連軍縮特別総会 *76*	ゴルバチョフ 15, *71*, *84*	再販制度 92	ジェファーソン *6*
国連憲章 *66*	コングロマリット *89*	再販売価格維持制度 92	CFE条約 *71*
国連資源特別総会 *142*	混合経済 *83*	裁判を受ける権利 *33*	自給自足経済 *81*
国連事務総長 *67*	コンシューマリズム *118*	歳費削減 *57*	自給的農家 115
国連中心主義 *78*	コンツェルン *91*	歳費特権 *40*	資金吸収オペレーション 102
国連難民高等弁務官事務所 *74*	コンドラチェフの波 *97*	最貧国 *142*	
	コンプライアンス *89*	債務国 136	資金供給オペレーション

コクサ〜シキン *153*

……………………… 100, 102	ル ………………………… 24	衆議院の同意 …………… 38	障害者差別 ……………… 28
資源循環型社会 ……… 121	シビル＝ミニマム …… 48	衆議院の優越 ……… 37, 38	商業資本主義 …………… 81
資源ナショナリズム … 143	紙幣 ……………………… 99	衆議院を解散する ……… 41	証券会社 ……………… 101
資源の適正配分 ………… 87	私法 ……………………… 3	住基ネット ……………… 50	証券投資 ……………… 136
資源配分の調整 ……… 106	司法権の独立 …………… 44	自由競争 ………………… 87	上告 ……………………… 46
自己資本 ………………… 89	資本 ……………………… 86	自由勤務時間制 ……… 129	少子高齢社会 ………… 133
自己資本比率 ………… 112	資本移転等収支	従軍慰安婦問題 ………… 77	使用者委員 …………… 128
自己破産 ……………… 119	……………………… 135, 136	自由権 …… 7, 10, 11, 19,	常設国際司法裁判所 …… 65
資産格差 ………………… 93	資本形成 ………………… 95	27, 29, 30	小選挙区制 ……………… 56
支出 ………………… 94, 95	資本主義経済 …………… 81	自由権の基本権 ………… 10	小選挙区比例代表並立制
支出国民所得 …………… 95	資本主義陣営 …………… 69	集権の社会主義経済 …… 84	……………………………… 56
市場 …………………… 147	資本装備率 …………… 114	自由主義国との協調 …… 78	象徴 ……………………… 23
市場開放 ……………… 147	資本と経営の分離 ……… 88	重商主義 …………… 5, 81	小党分立制 ……………… 52
市場価格 …………… 86, 94	資本の自由化 ………… 111	終身雇用制 …………… 129	譲渡性預金 …………… 100
市場機構 ………………… 87	資本の集中 ……………… 88	修正資本主義 …………… 82	常任委員会 ……………… 39
市場機構の限界 ………… 87	資本輸出 …………… 82, 136	修正資本主義経済 ……… 83	証人喚問 ………………… 37
市場経済 ………………… 81	『資本論』 ………………… 83	集団安全保障 …………… 64	常任理事国〈国際連合〉
市場経済へ移行 ………… 84	島田事件 ………………… 46	集団安全保障方式 ……… 64	……………………………… 66
市場占有率 ……………… 60	市民運動 ………………… 60	集団的自衛権 …………… 26	常任理事国〈国際連盟〉
市場統合 ……………… 145	市民革命 …………… 5, 6, 7	集団的自衛権の禁止 …… 26	……………………………… 65
市場の失敗 ……………… 87	『市民政府二論』 ……… 7, 9	重複立候補制 …………… 56	消費 ……………………… 95
事情判決 ………………… 57	事務局〈国際連盟〉 …… 65	周辺事態法 ……………… 78	常備軍 …………………… 5
市場メカニズム ………… 87	シャウプ勧告 ………… 110	自由貿易 ……………… 134	消費財 …………………… 85
G7 …………………… 140	社会規範 ………………… 2	自由放任 ………………… 82	消費者運動 …………… 118
事前協議制度 …………… 26	社会契約説 ………… 6, 7, 8	住民運動 …………… 51, 60	消費者金融 …………… 119
自然権 ………………… 6, 7	『社会契約論』 …………… 8	住民基本台帳ネットワー	消費者保護法 ………… 118
慈善の寄付行為 ………… 90	社会権 …………… 11, 27, 31,	ク ……………………… 50	消費者主権 …………… 118
自然法 ………………… 3, 4	32, 131	自由権運動 ……………… 18	消費者信用 …………… 119
自然法思想 ……………… 63	社会権の基本権 ………… 11	自由民権論 ……………… 18	消費者生活センター … 118
思想及び良心の自由 …… 29	社会資本 ………………… 93	住民自治 ………………… 48	消費者センター ……… 118
思想の宣伝 ……………… 10	社会主義 ………………… 15	住民自治と団体自治 …… 48	消費者の四つの権利 … 118
持続可能な開発 ……… 123	社会主義経済 ……… 83, 84	住民税 …………………… 50	消費者物価 ……………… 98
持続可能な発展 ……… 123	社会主義国家 …………… 15	住民投票 …………… 48, 51	消費者保護基本法 …… 118
下請け ………………… 114	社会主義市場経済 ……… 84	住民票コード …………… 50	消費者保護行政の推進
CWC …………………… 76	社会主義社会 …………… 83	需給の不一致 …………… 90	…………………………… 118
自治事務 ………………… 49	社会主義陣営 …………… 69	主業農家 ……………… 115	消費者問題 ……… 118, 119
7条解散 ………………… 41	社会的貢献活動 ………… 90	ジュグラーの波 ………… 96	消費税 ………………… 105
市中消化の原則 ……… 105	社会的責任投資 ………… 89	主権 ……………………… 6	商標権 ………………… 139
市町村民税 ……………… 50	社会的費用 …………… 121	主権国家 ………………… 62	商品経済 ………………… 81
失業 ……………………… 99	社会的分業 ……………… 2	主循環 …………………… 96	商法 …………………… 2, 3
失業保険 ……………… 130	社会福祉 …………… 32, 132	首相 ……………………… 40	情報格差 ……………… 149
執行機関 ………………… 49	社会法 …………………… 3	酒税 …………………… 105	情報化社会 ……………… 60
執行権 …………………… 9	社会保険 ………… 104, 131	首長 ……………………… 49	情報公開制度 …………… 34
実質経済成長率 ………… 97	社会保険 ………… 32, 130	出版に関する犯罪 ……… 30	情報公開法 ……………… 35
実質国内総生産 ………… 94	社会保障関係費	ジュネーヴ四巨頭会談	情報の公開 ……………… 61
実質GDP ……………… 94	………………… 104, 131	……………………………… 69	条約 ……………………… 63
実定法 ………………… 3, 4	社会保障制度 ………… 107	守秘義務 ………………… 45	条約締結の同意権 ……… 14
疾病保険 ……………… 130	社会保障と税の一体改革	需要・供給の法則 ……… 87	条約の承認 ………… 36, 38
GDP …………… 94, 95, 97, 98,	…………………………… 106	需要曲線 ………………… 86	条約の締結権 …………… 42
106, 146, 147	社会保障法 …………… 130	主要国首脳会議 ……… 140	条例 ……………………… 3
CTBT ………………… 75	社債 …………………… 101	準引出的機能 …………… 4	条例制定権 ……………… 48
GDPデフレーター …… 98	シャドー＝キャビネット	準主業農家 …………… 115	条例の制定権 …………… 48
幣原喜重郎 ……………… 22	……………………………… 13	春闘 …………………… 129	条例の制定や改廃 ……… 51
自動安定化装置 ……… 107	周恩来 …………………… 74	純投資 …………………… 97	職業選択の自由 ………… 31
G20 …………………… 141	集会・結社・言論・出版	シュンペーター ………… 97	職業別労働組合 ……… 127
児童の権利条約 ………… 35	などの自由 …………… 29	準立法的機能 …………… 4	殖産興業 ……………… 108
地場産業 ……………… 114	衆議院 …………………… 19	上院〈アメリカ〉 ……… 14	殖産興業政策 ………… 108
地盤沈下 ……………… 119	衆議院議員選挙 ………… 56	上院〈イギリス〉 ……… 13	食料安全保障論 ……… 116
死票 ……………………… 56	衆議院の議員定数 ……… 48	上院の同意 ……………… 15	食糧管理制度 ………… 115
シビリアン＝コントロー	衆議院の議決 …………… 41	常会 ……………………… 38	食糧管理法 …………… 116

食料自給率 116	枢密院 20	政府関係機関予算 103	《そ》	
食糧需給価格安定法 116	すきま産業 114	生物兵器禁止条約 76	ソヴィエト 15	
食料の安定供給 115	スケール＝メリット 90	政府の銀行 101	騒音 119	
食料・農業・農村基本法 114	鈴木文治 125	成文法 2	総会〈国際連合〉 66	
『諸国民の富』 82	スタグフレーション 98	政務官 42	総会〈国際連盟〉 65	
女性差別撤廃条約 11	START〈スタート〉 76	生命工学 124	争議権 32, 126	
女性労働者の保護規定 126	スターリン 66	生命,自由,幸福追求の権利 6	相互依存関係 62	
食管制度 115	ステークホルダー 89	勢力均衡政策 64	総辞職 41	
ショップ制 127	ストック 93	政令 3	総書記 16	
所得税 50, 104	ストライキ 126	政令201号 128	相続税 104	
所得の再分配 106	砂川事件 27	政令の制定 42	総量規制 121	
所有権 6, 7, 11	スーパー301条 147	世界恐慌 82, 96	組織政党 52	
所有と経営の分離 88	スミソニアン協定 139, 140	世界銀行 138	租税負担率 105	
ジョン 4	スモン事件 118	世界経済 134	租税法律主義 37, 103	
知らされる権利 118	《せ》	世界人権宣言 11	訴追委員会 37	
知る権利 34	生活関連社会資本 93	世界貿易機関 135, 139	空知太神社訴訟 29	
審議会 59	生活協同組合の運動 118	石油危機 111, 143	SALT〈ソルト〉 76	
信教の自由 19, 29	生活保護法 3, 32	石油ショック 144	損害賠償請求権 33	
人権の国際化 34	請願権 33	石油輸出国機構 134	尊属殺人罪 48	
人権の不可侵 6	請求権 19, 27, 33	セクシュアル＝ハラスメント 130	《た》	
人件費 88	清教徒革命 5	セクショナリズム 60	第1インターナショナル 125	
新憲法 22	政教分離の原則 29	セクハラ 130	第一次産業 111	
新興工業経済地域 142	政権交代 53	接続水域 80	第一次所得収支 135	
新興国市場 142	制限選挙 19	絶対王政 5, 7	第一次世界大戦 64, 108	
人口爆発 141	制裁の組織化 67	絶対君主制 5, 7	ダイオキシン汚染 121	
新国際経済秩序樹立宣言 142	政策協定 53	設備投資 95, 96	対外純資産 93, 136	
人事委員会 128	政策金利 102	説明責任 59	大学の自治 29	
人事院 59	政策形成力 53	セーフガード 135	大気汚染 119	
人事院勧告制度 128	生産 94, 95	ゼロ金利政策 102	代議制 10, 36	
新自由主義 83	生産価格 88	世論 60	第90帝国議会 22	
人種隔離政策 11	生産活動 86, 94	世論操作 61	耐久消費財 85	
人種差別撤廃条約 11	生産国民所得 94	全欧安全保障協力会議 71	怠業 126	
真珠湾攻撃 21	生産財 85	全会一致 41	大恐慌 82	
新食糧法 116	生産手段 86	全会一致制 65	大憲章 4	
人身の自由 30	生産手段の社会的所有 83	尖閣諸島問題 79	大国一致の原則 66	
神聖不可侵 18	生産手段の私有 81, 83	選挙管理委員会 51, 56	第3回締約国会議 123	
迅速な公開裁判 31	生産費 88	選挙制度の基本原則 54	第三次産業 111	
身体障害者雇用促進法 28	政治 1	全国人民代表大会 16	第3次中東戦争 72	
身体の自由 11, 29, 30	政治献金 53	戦後補償 25	第三勢力 74	
信託統治理事会 67	政治権力 1	専守防衛 25	第三世界 74	
振動 119	政治資金 54	先進国 141, 142	第三セクター 89	
審判 59	政治資金規正法 54	全人代 16	対GNP1％枠 25	
臣民 19	政治的アパシー 61	先進7カ国財務相・中央銀行総裁会議 140	大衆 60	
人民公社 84	政治的無関心 61	専制政治 5	大衆運動 60	
臣民の権利 19	政治犯罪 46	『戦争と平和の法』 5	大衆政党 52	
「人民の,人民による,人民のための政治」 8	政商 108	戦争の違法化 65	大衆民主主義 60	
神武景気 110	精神の自由 11, 29	戦争の禁止 67	大正デモクラシー 20, 21	
信用創造 100	製造物責任法 119	戦争の放棄 24	対人地雷全面禁止条約 76	
《す》	生存権 7, 31, 32, 131	戦争放棄 24	大西洋憲章 66	
水産物 87	生態系 124	全体の奉仕者 60	大選挙区制 56	
水質汚濁 119	政党 52	選択できる権利 118	大統領 16	
垂直的分業 134	政党助成法 54	戦略核 76	大統領制 15	
水平的分業 134	政党政治 12, 52	戦略兵器削減条約 76	大統領選挙人 13	
	政党内閣 20	戦略兵器制限条約 76	大統領の弾劾 15	
	製品差別化 91	戦力 24	大統領補佐官 14	
	政府 85, 87, 93	戦力不保持 24	第二次産業 111	
	政府開発援助 142, 148			

シヨク〜タイニ 155

第2次産業革命	108
第二次所得収支	135
第二次世界大戦	65, 77, 109
第2次石油危機	144
大日本帝国憲法	4, 18
代表の原理	10
太平洋戦争	21
大法廷	43
太陽光	117
第4次中東戦争	143
大陸間弾道ミサイル	76
大量生産・大量消費	139
多角的貿易交渉	139
兌換銀行券	99
滝川事件	29
多極化	69
竹下登	54
竹島問題	79
多国籍企業	90
多国籍軍	68, 70
多数決原理	8, 9
多数決の原理	8, 9
DAC〈ダック〉	142
伊達判決	27
多党化	52
多党制	52
田中角栄	54, 77, 111
田中正造	120
他人資本	89
たばこ税	105
タフト=ハートレー法	125
WTO	135, 139
単一為替レートの設定	110
弾劾裁判所	36, 43
短期金融市場	102
単記投票	55
短期波動	97
団結権	32, 126
単純多数決制	66
男女共同参画社会基本法	28
男女雇用機会均等法	28, 126, 130
男女普通選挙	22
団体交渉権	32, 126
団体行動権	32, 126
団体自治	48
単年度主義	103
ダンバートン=オークス会議	66
ダンピング	135

《ち》

治安維持法	21, 30, 109, 125
治安警察法	125
治安出動命令	42
治安立法	30
地域的な経済統合	144
地域的な集団安全保障体制	68
地域紛争	72
小さな政府	1, 58, 83
チェチェン紛争	73
チェチェン問題	73
地球温暖化	116
地球温暖化防止条約	123
地球環境問題	122
地球サミット	123, 124
知事	49
知事選挙	55
地租改正	108
知的財産権	139
知的財産高等裁判所	43
知的所有権	139
チトー	74
地熱	117
地方公共団体	48
地方公共団体の財源	50
地方公共団体の自主財源	50
地方公共団体の長及び議員	23
地方交付税	50
地方公務員	49
地方公務員法	128
地方債	50
地方裁判所	43, 45
地方自治体	48
地方自治の本旨	48
「地方自治は民主主義の学校である」	48
地方自治法	48, 51
地方税	50
地方分権一括法	49
チャーチスト運動	11
チャーチル	66, 69, 130, 131
チャールズ1世	5
中央銀行	99, 101
中央軍事委員会	16
中央選挙管理会	56
中韓国交樹立	71
中間生産物	94
中間選挙	13
中期波動	96
中距離核戦力全廃条約	76
中国共産党	16
中国代表権承認	70
仲裁	128
中小企業	113
中小企業基本法	114
中選挙区制	56
中東戦争	72
超過負担	50
長期波動	97

超均衡財政	110
朝鮮戦争	24, 68, 71, 110
超然内閣	20
朝鮮民主主義人民共和国	67, 75
調停	128
潮力	117
直接金融	101
直接税	104, 105
直接請求権	51
直接選挙	22
直接投資	136
直接民主制	51
直接民主政治	8
直接税	139
直間比率	105
賃金	95
賃金格差	114

《つ》

通貨	99
通貨量	102
通常国会	37
通信傍受法	33
津地鎮祭訴訟	29
冷たい戦争	68

《て》

定期性預金	100
デイケア	133
抵抗権	7
帝国主義	82
ディスクロージャー	89
停戦監視団	68
定足数	37
TPP	149
TVA	82
ディマンド=プル・インフレーション	98
ディレギュレーション	58, 147
手形	100, 101
手形式	3
手形割引	100
デクラーク	12
デジタルデバイド	149
デタント	70
鉄のカーテン	69
デフレ	99
デフレーション	99
デフレスパイラル	99
テロ	72
テロ対策特別措置法	78
テロリズム	72
天安門事件	12
伝統的支配	4
天然資源に対する恒久主権	143
天皇	20, 41

天皇機関説事件	29
天皇主権	18
天皇制の存続	22
天皇の官吏	60
天皇の大権	19
天賦の権利	6

《と》

ドイモイ政策	85
問屋制家内工業	81
東欧の民主化	71
東京電力福島第一原子力発電所	117
東京=ラウンド	138
東西対立	69
東西ドイツ統一	71
東西貿易	85
当座預金	100
倒産	65
投資	95, 97
同時多発テロ	72
鄧小平	84
統帥権の独立	19, 21
統制経済	109
東大ポポロ座事件	29
統治権の総攬者	19
統治行為論	27, 47
『統治二論』	7, 9
動的防衛力	25
道徳	2
東南アジア諸国連合	146
東南アジア非核地帯条約	76
同輩中の首席	20
同盟罷業	126
同和問題	28
独裁政治	4
特需景気	110
独占禁止法	3, 59, 91, 109
独占資本主義	82
特定財源	50
特定非営利活動促進法	60
特定秘密	25
特定秘密保護法	25
特別委員会	39
特別会	37
特別会計予算	103, 104
特別行政区	17
特別国会	39
特別裁判所	43
特別裁判所の禁止	43
独立行政法人	58
独立国家共同体	16, 84
特例国債	105
都市公害	120
土壌汚染	119
土地	86
特許権	139

独禁法	91
特恵関税	142
ドッジ	110
ドッジ＝ライン	110
都道府県民税	50
ドーハ＝ラウンド	139
富岡製糸場	108
トラスト	91
トラテロルコ条約	75
取締役会	88
取り調べの可視化	31
ドル＝ショック	139
ドル高	137
ドル防衛策	139
トルーマン	69
トルーマン＝ドクトリン	69
ドル安	137
トレーサビリティ	116
ドント式	56

《な》

内外価格差	148
内閣	14, 44, 63, 103
内閣総理大臣	24, 40
内閣総理大臣の指名	36, 38, 39
内閣総理大臣の任命	23
内閣提案の立法	57
内閣の権限	42
内閣の指名	23
内閣の助言と承認	23, 42
内閣府	41
内閣不信任案の可決	41
内閣不信任決議権	38
内需拡大	147
内政干渉	62
長沼ナイキ訴訟	25
ナショナリズム	62
ナショナル＝トラスト	122
ナショナル＝ミニマム	131
ナセル	74
ナチス政権	10
NATO〈ナトー〉	68, 69, 71
NATOの東方拡大	69
7条解散	41
NAFTA〈ナフタ〉	146
軟性憲法	12
南南問題	142
南北問題	141
難民	73
難民条約	35
難民の地位に関する条約	35

《に》

新潟水俣病	120
二院制	37
NIEO樹立宣言	142
ニクソン	139
ニクソン＝ショック	139
ニクソン訪中	70
二重構造	114
NIES〈ニーズ〉	142
ニース条約	145
二大政党制	52
日銀当座預金	103
日銀引き受けの禁止	105
日米安全保障条約	26, 77
日米経済摩擦	146
日米構造協議	147
日米地位協定	26, 63
日米貿易摩擦	146
日米包括経済協議	147
日露戦争	77
日韓基本条約	77
日照権	34
日清戦争	108, 125
日ソ共同宣言	77
ニッチ産業	114
日中共同声明	77
日中戦争	77
日中平和友好条約	77
日朝首脳会談	79
日本外交の三原則	78
日本銀行	100, 101
日本国憲法	22, 131
日本的な雇用制度	129
日本版NSC	24
日本版ビッグバン	113
日本郵政	58
日本郵便	58
日本労働組合総連合会	
ニューディール政策	82, 125, 130
人間環境宣言	121
「人間は社会的動物である」	1
「人間はポリス的動物である」	1
人間らしく生きる権利	31
任命行為	23

《ね》

ネガティブオプション	119
ねじれ国会	38
熱帯雨林の消失	122
熱電併給	117
ネット選挙	55
ネルー	74

年金生活者	98
年金保険	104, 131, 132
年功序列型賃金制度	129
年頭教書	14

《の》

農業基本法	114
農業経営の高齢化	115
農業の持続的発展	115
農産物	87
納税額	55
納税の義務	33
農村の振興	115
農地改革	109
濃度規制	121
ノーマライゼーション	132
ノンバンク	112

《は》

灰色措置	135
バイオテクノロジー	116
買収	55
排出量取り引き	123
排他的経済水域	144
ハイテク摩擦	147
袴田事件	46
バーク	52
パグウォッシュ会議	75
派遣労働者	129
バージニア権利章典	6
発送電分離	117
発展途上国	138, 141, 142, 148
パーツの下落	140
パートタイム労働者	129
派閥	53
バブル景気	112
バブル経済	112
原敬内閣	20
バランス＝オブ＝パワー	64
バリアフリー	133
パリ憲章	71
パレスチナ	72
パレスチナ解放機構	72
パレスチナ暫定自治協定	72
パーレビ	70
パワハラ	130
パワー＝ハラスメント	130
パワー＝ポリティックス	64
バンコク条約	75
犯罪被害者参加制度	45
陪審制度	45
バンドン会議	74
「万人の万人に対する闘争」	7

販売農家	115
藩閥専制	18
判例法	2

《ひ》

非アラブ国	72
PM2.5	119
PLO	72
PL法	119
非価格競争	91
非核三原則	25
比較生産費説	134
非関税障壁	135
被疑者	30
B規約	34
PKF	68
PKO	68
PKO協力法	78
非拘束名簿式比例代表制	56
被告人	30
批准	42
非常任理事国	66
BIS規制	112
ビスマルク	130
非正規労働者	129
非製造業	111
非政府組織	62
BWC	76
PTBT	76
非同盟主義	74
非同盟諸国	76
非同盟諸国首脳会議	74
非同盟中立	74
人および市民の権利宣言	6
ヒトラー	10
批判や反対する自由	9
PPP	120
秘密会開催の議決	39
百里基地訴訟	25
ピューリタン革命	5
ビューロクラシー	59
表現の自由	9, 29
平等権	27, 28
ビルト＝イン＝スタビライザー	107
比例代表制	56

《ふ》

ファシズム	9
ファンダメンタルズ	148
フィスカル＝ポリシー	107
フィラデルフィア宣言	131
フィランソロピー	90
フィルマー	5
封じ込め政策	69
風力	117

付加価値	94
賦課方式	132
不換銀行券	99
武器輸出三原則	25
武器輸出の禁止	25
不況	95, 96, 101
副業的農家	115
複合企業	89
福祉国家	1, 83
福祉サービス	133
福島判決	25
複数政党制	16
副大臣	42
富国強兵	108
不信任可決による解散	41
不信任決議権	49
不信任権	14
フセイン	72
不戦条約	65
不戦宣言	71
不逮捕特権	40
双子の赤字	140
普通選挙	8, 10
普通選挙法	21, 30
普通預金	100
物価	97
物価指数	98
復金	109
復興金融金庫	109
ブッシュ	71
普天間基地	26
不当廉売	135
不当労働行為	127, 128
不文憲法	12
部分的核実験禁止条約	75
不文法	2, 63
不法就労	130
プライス	48
プライス＝リーダーシップ	91
プライバシーの権利	30, 33
プライマリー＝バランス	107
部落差別	28
プラトン	3
プラザ合意	140
フランス革命	6, 8
フランス人権宣言	6
ブリアン・ケロッグ条約	65
BRICS〈ブリックス〉	142
不良債権	112
武力攻撃事態対処法	79
ブルジョア革命	5
フレックスタイム制	129
ブレトン＝ウッズ協定	138

プレビッシュ報告	141
フロー	94
プロイセン憲法	18
プログラム規定説	32
プロシア憲法	18
ブロック経済	137
プロパガンダ	10
プロレタリアート独裁	15
フロンガス	123
不渡り	100
文化支援活動	90
分配	94, 95
分配国民所得	94, 95
文民	40
文民統制	24

《へ》

ペイ＝オフ	112
平価	138
平価切り下げ競争	138
平和維持活動	68
平和維持軍	68
平和共存	69
平和原則14ヵ条	64
平和五原則	74
平和十原則	74
平和主義	22, 24
平和のうちに生存する権利	24
平和のための結集決議	68
平和のための統合決議	68
ヘッジファンド	137
ペティ・クラークの法則	111
ベトナム戦争	70
ベトナム和平協定	70
ベバリッジ報告	130, 131
ベルリンの壁	70
ペレストロイカ	15, 84
弁護人依頼権	31
ベンチャー＝ビジネス	114
変動為替相場制	137, 140
変動相場制	137

《ほ》

保安隊	24
法	2
防衛出動命令	42
防衛装備移転三原則	25
貿易赤字	140
貿易依存度	147
貿易・サービス収支	135
貿易収支	135
貿易の自由化	111

包括的核実験禁止条約	75
防空識別圏	80
封建的諸制度の廃止	22
放射能汚染	119
報酬削減	57
法人株主	88
法人税	50, 104
法治主義	4
法定受託事務	49
法定手続きの保障	30
法テラス	45
法による行政	9
法による司法	9
法による立法	9
法の支配	3, 4, 8, 9
法の支配の原則	4
『法の精神』	9
法の下の平等	28
法律	3, 4, 43
法律案の議決	38
法律案の衆議院における再議決	39
法律案の提出権	37, 42
法律の範囲内	48
法律の留保	19, 29
法令遵守	89
北米自由貿易協定	146
保険会社	101
保護貿易	134
ボシュエ	5
保守政党	53
保守党	13
補助金行政	58
補正予算	104
細川護熙内閣	53
ボーダレス社会	149
ポツダム宣言	21
ホッブズ	7
北方領土問題	77
輔弼	19
ホームヘルパー	133
ホメイニ	70
堀木訴訟	32
ポリシー＝ミックス	107
ホロコースト	10
本会議	39
香港	17

《ま》

マイクロクレジット	143
マイナス成長	97
マカオ	17
マグナ＝カルタ	4
マーケットシェア	91
マーシャル	69
マーシャル＝プラン	69, 142
マス＝デモクラシー	60
マーストリヒト条約	145

マス＝メディア	61
マッカーサー	21
マッカーサー草案	22
マックス＝ウェーバー	4
松本案	22
松本草案	22
松山事件	46
マニフェスト	55
マニュファクチュア	81
マネー＝ストック	100
マネタリーベース	103
マルクス	15, 83, 124, 125
マルタ会談	71
マルチ商法	119
満州事変	21, 65, 109
マンデラ	12

《み》

「見えざる手」	82, 87
三木武夫	25
水俣病	121
南側の国	141
南スーダン共和国	67
美濃部達吉	29
身分制議会	10
民間設備投資	110
民間非営利団体	60
民事再生法	90
民事裁判	45
民事訴訟法	2
民主集中制	16
民主政治	8, 9
民主党〈アメリカ〉	14
民主党〈日本〉	53
民政局	22
民撰議院設立建白書	18
民族	73
民族国家	1
民族自決	64
民族浄化	73
民族紛争	73
民族問題	71
民定憲法	18
民法	2, 3

《む》

無過失責任主義	120
無血革命	5
無条件降伏	21
無担保コール翌日物金利	102
無党派層	61

《め》

明治維新	18
明治憲法	4, 18
名望家政党	52
名目国内総生産	94
名目GDP	94

名誉革命 ……… 5, 6, 7	ム〉………… 144, 145	立憲主義 ……… 22	労働基準局 ……… 127
命令 ……… 3	「ゆりかごから墓場まで」	立憲政治 ……… 6	労働基準法
メセナ ……… 90	……… 131	立法権 ……… 9	……… 3, 126, 127, 129
免責特権 ……… 40	ユーロ ……… 145	立法国家 ……… 57	労働基本権 ……… 126
免田事件 ……… 46	ユーロ圏 ……… 145	リユース ……… 122	労働協約 ……… 127
		領域 ……… 1	労働組合 ……… 127
《も》	《よ》	両院協議会 ……… 38, 41	労働組合の育成 ……… 109
黙秘権 ……… 31	容器包装リサイクル法	両院制 ……… 37	労働組合法 ……… 109, 126,
「持たず，つくらず，持ち	……… 122	良心 ……… 2	127, 128
込ませず」 ……… 25	要求払い預金 ……… 100	量的緩和政策 ……… 103	労働契約法 ……… 129
持株会社 ……… 92	預金準備率操作 ……… 101	領有権 ……… 79	労働三権 ……… 32, 126
持株会社整理委員会 ……… 109	預金通貨 ……… 99, 100	利率 ……… 101	労働三法 ……… 32
モノカルチャー経済 ……… 141	抑制と均衡 ……… 9	リンカン ……… 8	労働市場 ……… 124
森永ヒ素ミルク事件 ……… 118	予算 ……… 39, 103	臨時会 ……… 39	労働者委員 ……… 128
モンテスキュー ……… 6, 9, 13	予算案の審議 ……… 38	臨時国会 ……… 39	労働者階級独裁 ……… 15
モントリオール議定書	予算教書 ……… 14		労働者災害補償保険 ……… 132
……… 123	予算の議決 ……… 36, 38	《る》	労働手段 ……… 86
	予算の作成権 ……… 42	累進課税制度	労働審判制度 ……… 129
《や》	予算の先議権 ……… 38	……… 104, 106, 107	労働審判法 ……… 129
約束手形 ……… 100	四日市ぜんそく ……… 120	累積債務 ……… 143	労働生産性 ……… 114
夜警国家 ……… 1, 83	与党 ……… 52	ルソー ……… 6, 7, 8	労働争議 ……… 128
安上がりな政府 ……… 1	世論 ……… 60		労働対象 ……… 86
靖国神社参拝 ……… 29	世論操作 ……… 61	《れ》	労働党 ……… 13
野党 ……… 52	四大公害 ……… 120	レアアース ……… 144	労働力 ……… 86
ヤルタ会談 ……… 66	四大公害裁判 ……… 120	レアメタル ……… 144	ロカルノ条約 ……… 65
		例外なき関税化 ……… 115	69条解散 ……… 41
《ゆ》	《ら》	零細企業 ……… 113	盧溝橋事件 ……… 21
唯一の発券銀行 ……… 101	ラウンド ……… 139	令状主義 ……… 30	ロシア革命 ……… 15, 84
唯一の立法機関 ……… 36	拉致問題 ……… 79	冷戦 ……… 68	ロシア共和国 ……… 16
友愛会 ……… 125	ラッセル ……… 75	レッセ＝フェール ……… 82	ロシア連邦 ……… 16
有価証券 ……… 101	ラッダイト運動 ……… 124	列島改造ブーム ……… 111	ローズヴェルト ……… 66, 82
有機水銀 ……… 120	ラテンアメリカ統合連合	レーニン ……… 15, 84	ローズヴェルトの四つの
有限責任 ……… 88	……… 146	レファレンダム ……… 8	自由 ……… 11
有効需要政策 ……… 96	ラファイエット ……… 6	連合 ……… 127	ロッキード事件 ……… 54
有事法制関連7法 ……… 78		連合国軍最高司令官総司	ロック ……… 6, 7, 8, 9
有事立法 ……… 25	《り》	令部 ……… 21, 110, 128	六法 ……… 2
郵政民営化 ……… 58	『リヴァイアサン』 ……… 7	連合政権 ……… 53	ローマ教皇 ……… 62
ゆうちょ銀行 ……… 58	利害関係者 ……… 89	連座制 ……… 55	ローマ条約 ……… 144, 145
UNHCR ……… 74	リカード ……… 134	連邦制 ……… 13	ローン ……… 119
ユーゴスラビア ……… 73	リクルート事件 ……… 54	連立政権 ……… 53	
輸出 ……… 147	リコール ……… 9, 51		《わ》
輸出自主規制 ……… 135	リサイクル ……… 121	《ろ》	ワイマール憲法 ……… 11
輸出の増大 ……… 110	理事会 ……… 65	労災保険 ……… 131, 132	和解 ……… 45
輸入インフレーション	利子率 ……… 101	労使関係 ……… 124	ワークシェアリング ……… 129
……… 98	リスト ……… 134	老人健康保険 ……… 132	ワグナー法 ……… 125
輸入課徴金の実施 ……… 139	リストラ ……… 113	労働委員会 ……… 128	ワルシャワ条約機構
輸入浸透率 ……… 135	リストラクチャリング	労働運動 ……… 124	……… 69, 71
UNEP〈ユネップ〉 ……… 122	……… 113	労働関係調整法	湾岸戦争 ……… 68, 70
EURATOM〈ユーラト	リスボン条約 ……… 145	……… 126, 127, 128	
	立憲君主制 ……… 18, 22	労働基準監督署 ……… 127	

欧文略語索引

A・A会議 …… 74	CSCE …… 71	IAEA …… 75	NPT …… 75
AFTA …… 146	CSR …… 90	IBRD …… 138	OAPEC …… 143
ALADI …… 146	CTBT …… 75	ICBM …… 76	ODA …… 142, 148
APEC …… 146	CWC …… 76	ILO …… 34, 65, 125, 131	OECD …… 111, 120, 142
ASEAN …… 75, 146	DAC …… 142	IMF …… 137, 138, 140	OEEC …… 142
ASEAN+3 …… 146	EC …… 145	IMF＝GATT体制 …… 138	OEM …… 148
ASEAN10 …… 146	ECSC …… 144, 145	IMF8条国 …… 112	OPEC …… 144
ASEAN加盟国 …… 148	EEA …… 146	IMFの特別引き出し権 …… 140	OSCE …… 71
ASEAN自由貿易地域 …… 146	EEC …… 144, 145	IMF体制 …… 139	PKF …… 68
A規約 …… 34	EFTA …… 145, 146	INF全廃条約 …… 76	PKO …… 68
BIS規制 …… 112	EMS …… 145	IT …… 149	PKO協力法 …… 78
BRICS …… 142	EPA …… 135, 149	IT化 …… 149	PLO …… 72
BWC …… 76	EU …… 145, 146	LDC …… 142	PL法 …… 119
B規約 …… 34	EURATOM …… 144, 145	LED …… 144	PM2.5 …… 119
CEO …… 88	EU委員会 …… 142	LLDC …… 142	PPP …… 120
CFE条約 …… 71	EU議会 …… 145	M&A …… 90	PTBT …… 75
CIS …… 16, 84	EU大統領 …… 145	MDGs …… 143	SALT …… 76
COP3 …… 123	G20 …… 141	MSF …… 62	SCAP …… 21
	G7 …… 140	NAFTA …… 146	SDR …… 140
	G8 …… 140, 141	NATO …… 68, 69, 71	START …… 76
	GATT …… 135, 138, 139	NATOの東方拡大 …… 69	TPP …… 149
	GATT11条国 …… 111	NGO …… 62, 76	TVA …… 82
	GDP …… 94, 95, 97, 98, 106, 146, 147	NI …… 94, 97	UNCTAD …… 141
	GDPデフレーター …… 98	NIEO樹立宣言 …… 142	UNEP …… 122
	GHQ …… 21, 22, 24, 110, 128	NIES …… 142	UNHCR …… 74
	GNP …… 93	NNP …… 94	UNTAC …… 78
	HIV薬害事件 …… 118	NNW …… 95	WTO …… 135, 139
		NPO …… 60	

山川 一問一答政治・経済
やまかわ いちもんいっとうせいじ けいざい

2015年2月20日　第1版第1刷印刷
2015年2月25日　第1版第1刷発行

編者	横山　正（よこやま ただし）
発行者	野澤伸平
印刷所	明和印刷株式会社
製本所	有限会社　穴口製本所
発行所	株式会社　山川出版社
	〒101-0047　東京都千代田区内神田1-13-13
	電話 03(3293)8131（営業）　03(3293)8135（編集）
	http://www.yamakawa.co.jp/
	振替口座 00120-9-43993
表紙デザイン	菊地信義
本文デザイン	中村竜太郎

©2015　Printed in Japan　ISBN978-4-634-05106-5

本書の全部または一部を無断で複写複製（コピー）・転載することは，著作権法上での例外を除き，禁じられています。

● 造本には十分注意しておりますが，万一，落丁・乱丁などがございましたら，営業部宛にお送りください。送料小社負担にてお取り替えいたします。
● 定価はカバーに表示してあります。